· 商业画布 ·

Testing Business Ideas

测试商业创意
把创意变成伟大的生意

[美] 戴维·J. 布兰德（David J. Bland）

[瑞士] 亚历山大·奥斯特瓦德（Alexander Osterwalder）　　著

赵越　译

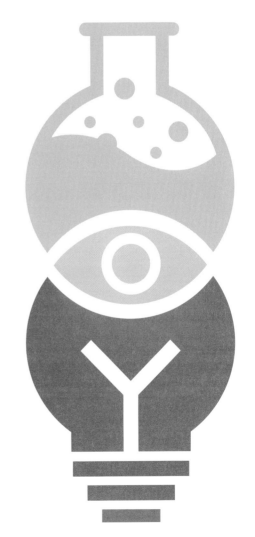

机械工业出版社
CHINA MACHINE PRESS

图书在版编目（CIP）数据

测试商业创意：把创意变成伟大的生意 /（美）戴维·J. 布兰德（David J. Bland），（瑞士）亚历山大·奥斯特瓦德（Alexander Osterwalder）著；赵越译 . —北京：机械工业出版社，2023.8

（商业画布）

书名原文：Testing Business Ideas

ISBN 978-7-111-73446-8

Ⅰ. ①测⋯　Ⅱ. ①戴⋯ ②亚⋯ ③赵⋯　Ⅲ. ①商业经营 – 研究　Ⅳ. ① F715

中国国家版本馆 CIP 数据核字（2023）第 136047 号

机械工业出版社（北京市百万庄大街 22 号　邮政编码 100037）

策划编辑：华　蕾　　　　　　责任编辑：华　蕾　王　芹

责任校对：梁　园　卢志坚　　责任印制：常天培

北京宝隆世纪印刷有限公司印刷

2023 年 9 月第 1 版第 1 次印刷

240mm×186mm・21.75 印张・371 千字

标准书号：ISBN 978-7-111-73446-8

定价：109.00 元

电话服务　　　　　　　　　　网络服务

客服电话：010-88361066　　　机 工 官 网：www.cmpbook.com

　　　　　010-88379833　　　机 工 官 博：weibo.com/cmp1952

　　　　　010-68326294　　　金 书 网：www.golden-book.com

封底无防伪标均为盗版　　　机工教育服务网：www.cmpedu.com

这是一部快速测试商业创意的系统指南。其中的 44 个试验会帮你找到规模化之路，系统地实现以小博大的效果。

测试商业创意

把创意变成伟大的生意

strategyzer.com/test

作者

戴维·J.布兰德

亚历山大·奥斯特瓦德

设计

阿兰·史密斯

崔西·帕帕达克斯

WILEY

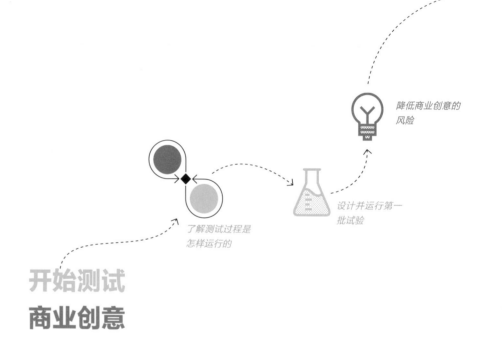

降低商业创意的
风险

设计并运行第一
批试验

了解测试过程是
怎样运行的

本书将帮助你

开始测试
商业创意

目前，你对测试商业创意这一概念还比较陌生，也许你
已经读过史蒂夫·布兰克（Steve Blank）和埃里克·莱
斯（Eric Ries）在该领域的主要书籍，也许还没有，无
论如何，你确定地知道你想开始行动。你急于测试你的
商业创意。

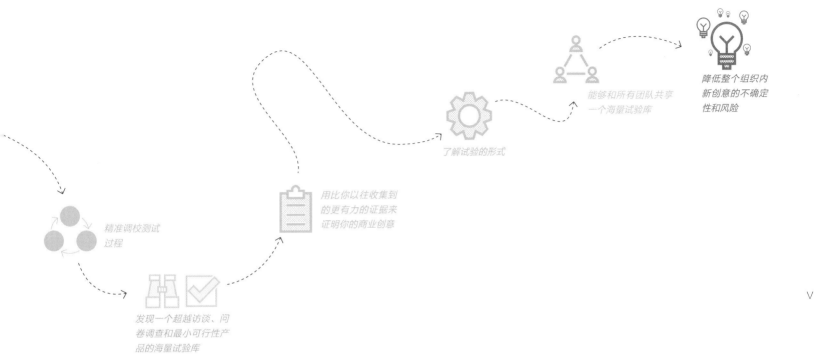

精准调校测试
过程

发现一个超越访谈、问
卷调查和最小可行性产
品的海量试验库

用比你以往收集到
的更有力的证据来
证明你的商业创意

了解试验的形式

能够和所有团队共享
一个海量试验库

降低整个组织内
新创意的不确定
性和风险

提高你的测试
技能

你非常熟悉测试商业创意的过程。你已经阅读了所有涉
及该主题的书籍，运行了几个项目并做出了最小可行性
产品（MVP）。现在，你想提升你的段位并提高你的测
试技能。

在你的组织中开展规模化
的测试

在你的组织中，你的任务是把商业创意测试活动系统化和规
模化。你对这一主题很有经验，并且正在寻找最先进的实践
思维，以便把它带给组织中的各个团队。

这本书专为**内部创新者、初创企业家和独立创业者**而著。

哪一项最能描述你的角色？

☐ **内部创新者** 敢于挑战现状，并且期望在大型组织的约束下，开创新的业务。

☐ **初创企业家** 想要测试商业模式的构成模块，以免浪费团队、合伙人及投资者的时间、精力和资金。

☐ **独立创业者** 有一份副业，或者有一个尚未成为业务的商业创意。

以下哪一项让你产生共鸣？

☐ 我正在寻求新的试验方法，不想总是依赖焦点小组、访谈和问卷调查。

☐ 我想创造新的业务增长，但不想在测试过程中意外损害公司的品牌。

☐ 我明白，要想真正实现颠覆，我需要一个全情投入的专职团队，并且他们能够创造自己的证据。

☐ 我知道在公司准备好之前就盲目扩张的危险性，所以我想测试我的商业模式，并找到一些证据，以证明我走在正确的轨道上。

☐ 我知道我需要明智地分配有限的资源，并基于强有力的证据做出决策。

☐ 我希望每天晚上我都能够踏实地入睡，是因为我确信已经把疯狂的一天花在了对我创业成功最重要的事情上。

☐ 我意识到我们需要提供项目进度方面的证据，以证明当前和未来数轮投资的合理性。

☐ 我没有创业资源，更不用说拥有一家公司了。

☐ 我以前从未尝试过这类事情，但我希望我为之熬夜和牺牲周末是值得的。

☐ 我希望把所有的时间都投入到这个创意上，但这样似乎很冒险。为了实现飞跃，我需要证据证明我正在做一件大事。

☐ 我读过一些关于创业的书，但在如何测试我的商业创意和进行哪些类型的试验方面还需要指导。

如何把一个好创意变成一项经过验证的业务

有太多的企业家和创新者在执行商业创意时操之过急，因为他们的想法在演示文稿中看起来很棒，在数据上看似无懈可击，在商业计划书中显得让人难以抗拒……只是后来他们才发现，他们的愿景其实是空中楼阁。

系统地应用客户开发和精益创业的理念

本书以史蒂夫·布兰克和埃里克·莱斯的开创性工作为基础，史蒂夫提出了客户开发方法论和"走出办公楼"去测试商业创意的概念，启动了精益创业运动，而埃里克则创造了精益创业（Lean Startup）这一术语。

不要犯没有证据就执行商业创意的错误，要全面地测试你的商业创意，无论这些商业创意在理论上看起来多么出色。

创意　　　　　　　搜索和测试　　　　　　　执行　　　　　　　业务

"没有一份商业计划书能在初次接触客户后幸存。"

史蒂夫·布兰克

客户开发方法论的提出者、精益创业运动"教父"

应用本书中的试验库，让你的创意无懈可击

测试是一种降低风险的活动，是为了避免追求那些在理论上看起来很美，在现实中却行不通的创意。通过快速试验来测试创意，可以使你随时学习和调整。

本书介绍了市面上最广泛的试验库，以帮助你充分利用证据使创意无懈可击。通过广泛的测试，避免将时间、精力和资源浪费在那些行不通的创意上。

企业家和创新者的首要任务是降低不确定性和风险。

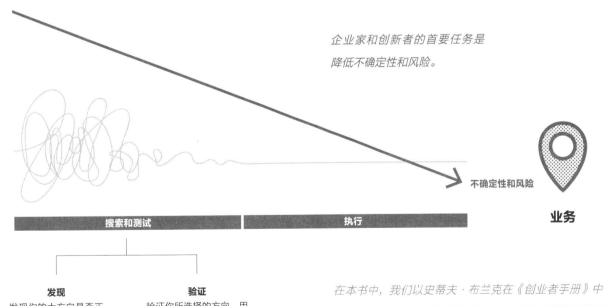

创意

搜索和测试　　执行

不确定性和风险

业务

发现
发现你的大方向是否正确。测试基本假设。获得第一手洞察，以快速校正方向。

验证
验证你所选择的方向。用强有力的证据证明你的商业创意很有可能成功。

在本书中，我们以史蒂夫·布兰克在《创业者手册》中对发现和验证阶段的划分为基础，创新性地创建了我们的流程。

迭代流程

x

商业概念设计

设计是将模糊的创意、市场洞察和证据转变成具体的价值主张和坚实的商业模式的活动。好的设计包括利用强大的商业模式样式最大化收益，并超越产品、价格和技术层面展开竞争。

其风险在于一项业务无法获取核心资源（技术、知识产权、品牌等）的支持，无法发展出支撑关键活动的能力，或者无法找到重要的合作伙伴来建立和扩展价值主张。

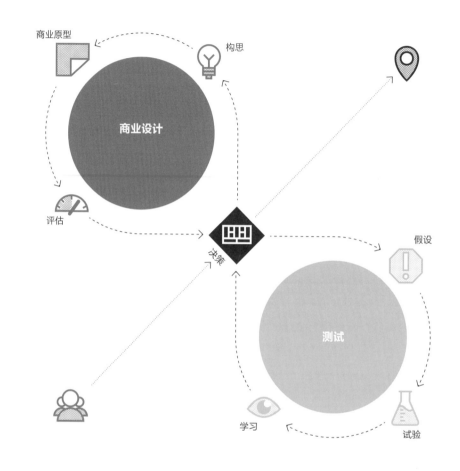

商业原型　构思

商业设计

评估

决策

假设

测试

学习　试验

 创意　**＋**　 **商业模式**　**＋**　 **价值主张**　**＝**

测试和降低风险

为了测试一个大的商业创意，你需要把它分解成更小块的可测试假设。这些假设涵盖三种风险：第一种，客户对你的创意不感兴趣（需求性）；第二种，你无法制造或交付你的创意（可行性）；第三种，你的创意赚不到足够多的钱（收益性）。

你需要用合适的试验来测试最重要的假设。每项试验都会产生证据和洞察，使你能够从中学习并更好地做出决策。基于这些证据和洞察，你要么调整创意——如果你发现走上了错误的道路，要么继续测试创意的其他方面——如果证据表明你的方向是正确的。

关键假设 + **试验** + **关键洞察** = **降低不确定性和风险**

需求性风险
客户不感兴趣

这种风险在于业务的目标市场太小，与业务的价值主张匹配的客户太少，或者企业无法接触、获取和留住目标客户。

可行性风险
我们无法制造或交付

这种风险在于业务无法获得核心资源（技术、知识产权、品牌等）的支持，无法发展出支撑关键活动的能力，或者无法找到重要的合作伙伴来建立和扩展价值主张。

收益性风险
我们赚不到足够多的钱

这种风险在于业务无法成为稳定的收入来源，客户不愿意支付（足够的）费用，或者业务成本太高，无法持续盈利。

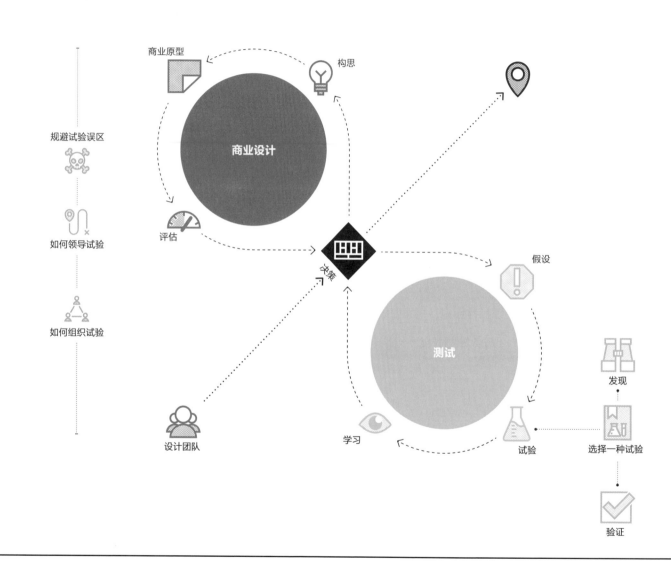

规避试验误区

如何领导试验

如何组织试验

商业原型

构思

商业设计

评估

决策

设计团队

假设

测试

发现

学习

试验

选择一种试验

验证

目录

1 2 3 4

模块 1　设计

1.1　设计团队
p.3

1.2　塑造创意
p.15

模块 2　测试

2.1　假设
p.27

2.2　试验
p.41

2.3　学习
p.49

2.4　决策
p.59

2.5　管理
p.65

模块 3　试验

3.1　选择一种试验
p.91

3.2　发现
p.101

3.3　验证
p.231

模块 4　思维模式

4.1　规避试验误区
p.313

4.2　如何领导试验
p.317

4.3　如何组织试验
p.323

后记

致谢
p.330

it

"团队的力量源自每一个成员。
每一个成员的力量源自整个团队。"

————

菲尔·杰克逊（Phil Jackson）
NBA前教练

模块 1 设计

1.1 设计团队

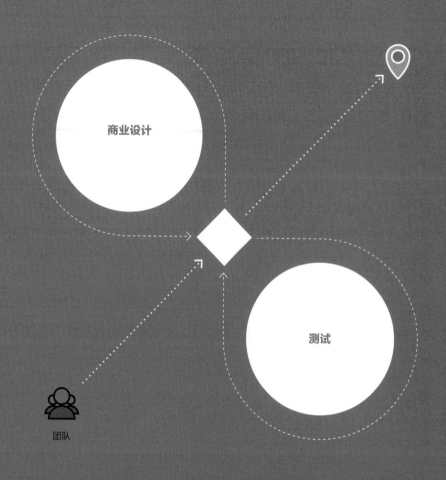

商业设计

测试

团队

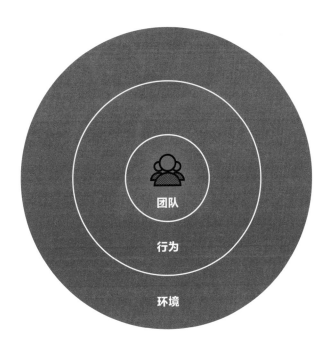

团队

行为

环境

团队设计

开创业务需要一个什么样的团队？

在与世界各地的团队合作的过程中，我们发现每一项成功的新业务背后都有一个优秀的团队。如果你是在一家初创公司，创始团队就是将一切凝聚在一起的黏合剂。如果你是在一家大公司，你同样需要一个强大的团队来开创新业务。如果你是一个独立创业者，你最终组建的团队将决定你的业务能否成功。

测试商业创意通常要具备以下方面的技能

✐	设计	🏷	销售
▱	产品	📣	市场营销
⋱	技术	🔍	研究
⚒	法务	◔	数据
🗄	财务		

跨职能的技能组合

一个跨职能的团队拥有交付产品和洞察客户的所有核心能力。一个常见的跨职能团队的基本技能配置包括设计、产品和技术。

改编自杰夫·巴顿（Jeff Patton）

获取缺失的技能组合

如果你不具备所需的全部技能，或者无法与外部团队成员合作，那就要评估能否用技术工具来填补空白。

测试工具

市场上每天都有新的工具出现，使你能够：

- 创建着陆页
- 设计标识
- 运行在线广告
- ……

所有这些都只需要很少或不需要专业知识。

创业经验

成功的业务往往受益于那些有创业经验的人，这并不是一个巧合。

许多创业者需要进行多次尝试才能取得成功。Rovio公司在开发出热门游戏《愤怒的小鸟》之前，经历了6年、51次失败的尝试。

多元化

团队成员多元化意味着他们在种族、民族、性别、年龄、经历和思想等方面存在差异。如今，在人与社会层面，新业务给现实世界带来了前所未有的影响。如果你的团队成员有着相似的生活经历、思想和外表，那么你会很难驾驭不确定性。

如果你的团队缺乏多元化的经历和观点，就会导致各种偏见被烙印在你的业务中。

在组建你的团队时，要把多元化放在首位，而不是次要位置；要以身作则，先建立起一个多元化的领导团队。否则，团队同质化所导致的问题在后期很难纠正。

要点

团队行为

我们的团队需要怎样的行为?

团队设计是必要的,但还远远不够。你可以具备创业经验,但你与团队互动的方式也需要表现出创业者的特质。成功团队的行为可以被分解成六种,它们是判断团队成功的主要指标。

成功的团队表现出六种行为

1. 对数据敏感

你不必完全被数据驱动,但需要对数据保持敏感。成功的团队不会奢望开发完产品需求清单上的所有功能,而是根据从数据中获得的洞察,决定对需求清单和策略的取舍。

2. 试验驱动

成功的团队愿意试错并进行试验。他们不仅专注于功能的交付,而且还精心设计试验以了解他们最具风险的假设,并逐步将试验与想了解的事情匹配起来。

3. 以客户为中心

如今,为了开创新业务,团队必须知道工作背后的“为什么”——以客户为中心。这始于和客户保持联系,不应该局限于提供新的客户体验,而应该扩展到产品的内在和外在价值。

4. 保持创业心态

快速行动,验证一些事情。成功的团队有一种紧迫感,并会朝着一个可行的结果发力。这包括创造性地快速解决问题。

5. 善用迭代法

成功的团队会瞄准一个理想的结果,通过反复的循环操作——迭代来达成。迭代法假定你不知道解决方案,你会采用不同的战术来迭代,以达到那个理想的结果。

6. 质疑假设

成功的团队愿意挑战现状和一成不变的业务。相比于一味地追求安全,他们更愿意测试出一个颠覆性的商业模式,从而一战功成。

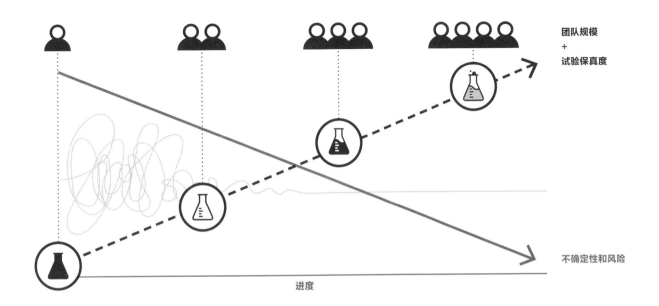

团队规模
+
试验保真度

不确定性和风险

进度

扩充团队

你可以在没有团队的情况下就开始测试商业创意，但随着试验逐渐变得更复杂，你很可能会扩充你的团队。随着你最终找到产品与市场的契合点，找到合适的生产方式，并扩大规模时，你的团队将不断壮大，结构也将逐步完善。

要点

团队环境

怎样为团队设计一个令其茁壮成长的环境？

团队需要一个支持性的环境来探索新的商业机会。他们不能被不允许失败的规范所束缚。失败不可避免，但失败并不是目的。目的是比竞争对手更快地总结，并且学以致用。领导者需要有意设计一个容错的环境让团队能茁壮成长，否则即便是一个有正确行为和理想结构的团队，最终也会陷入停滞甚至放弃。

团队需要的是……

专注

团队需要一个可以专注于工作的环境。跨数个项目的多任务并行会悄无声息地扼杀进展。专注于工作的小型团队会比不专注的大型团队取得更多进展。

资金

期望团队在没有预算或资金的情况下运作是不现实的。只要进行试验就需要花钱。你可以采用风险投资式的方法，根据团队在利益相关者评审时分享的学习成果，逐步投资于相应团队。

自主

团队需要有一定的自主工作空间。不要事无巨细地对他们进行管理，以免拖慢他们的进度。相反，要给他们一定的空间，让他们说明面向目标自己将怎样取得进展。

公司需要提供……

支持

对接

方向

领导层

团队需要一个类型正确的领导层支持环境。当你不知道解决方案时，引导型领导风格是理想的选择。要用问题，而不要用答案来引导团队，并警惕"瓶颈效应"：瓶颈总是在瓶子的顶端。

教练式辅导

团队需要教练式辅导，尤其是在他们初次合作的时候。无论是内部还是外部的教练，在团队试图进行下一个试验但是遇到困难时，都可以给予团队帮助和指导。那些只使用过访谈和问卷调查的团队可以从见识过各种试验形式的教练那里获益。

客户

团队需要对接客户。多年来的一贯做法是将团队与客户隔离开，但为了解决客户的问题，就不能允许这种情况再出现。如果团队在对接客户方面持续受阻，他们最终将只能闭门造车。

资源

团队需要对接一定的资源以获得成功。有约束条件是好的，但让一个团队的资源朝不保夕也不会有好结果。他们需要足够的资源来取得进展和产生证据。资源可以是实体的或者数字化的，这取决于新的商业创意。

战略

团队要有明确的方向和战略，否则将很难在新的商业创意上做出明智的转向、坚持或摒弃的决定。如果没有清晰连贯的战略，很容易导致把忙碌的状态和取得进展混为一谈。

指导原则

团队需要一些约束才能聚焦于他们的试验。无论是开辟邻近市场还是创造全新的市场，为了获得新的收入来源，团队需要有人给他们指明应该在哪里下功夫。

关键绩效指标

团队需要关键绩效指标（KPI），以帮助每个人了解他们是否正在朝着同一个目标前进。如果过程中没有明确的指标，要想知道是否应该投资于某项新业务，就会变得很有挑战。

团队对齐

如何确保团队对齐?

团队在组建时往往缺乏共同的目标、背景认知和语言体系。如果不在团队组建和启动过程中解决这个问题,结果将是毁灭性的。

由斯特凡诺·马斯特罗贾科莫(Stefano Mastrogiacomo)创建的"团队对齐画布"(Team Alignment Map)是一个可视化的工具,可以帮助参与者为行动做好准备,如主持更有成效的会议,组织好对话的内容。它还可以帮助团队在项目启动会上更高效、更投入,从而促进业务的成功。

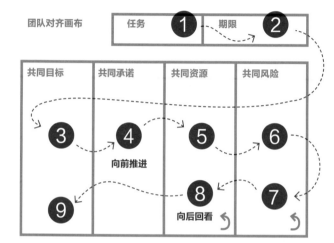

团队对齐画布

每个模块都呈现了你的团队需要讨论的核心信息。尽早发现认知上的差距,可以防止你在没有察觉的情况下造成不一致。

1. 明确任务。

2. 设定大家都同意的期限。

3. 创建团队共同目标。
   共同目标
   我们要一起完成哪些事?

4. 确定团队成员的承诺。
   共同承诺
   谁要做什么?

5. 罗列成功所需的共同资源。
   共同资源
   我们需要哪些资源?

6. 写下可能面临的最大风险。
   共同风险
   哪些因素会阻碍我们获得成功?

7. 说明如何通过创建新的目标和承诺来应对最大的风险。

8. 说明如何解决资源的限制问题。

9. 设定期限,达成团队共识,并落实。

要了解更多关于团队对齐画布的信息,请访问:
www.teamalignment.co

团队对齐画布

任务：　　　　　　期限：

共同目标	共同承诺	共同资源	共同风险
我们要一起完成哪些事？	谁要做什么？	我们需要哪些资源？	哪些因素会阻碍我们获得成功？

DESIGNED BY: Stefano Mastrogiacomo

teamalignment.co

"生成创意从来都不是问题。"

————————

丽塔·麦格拉思（Rita McGrath）

哥伦比亚商学院管理学教授

1.2　塑造创意

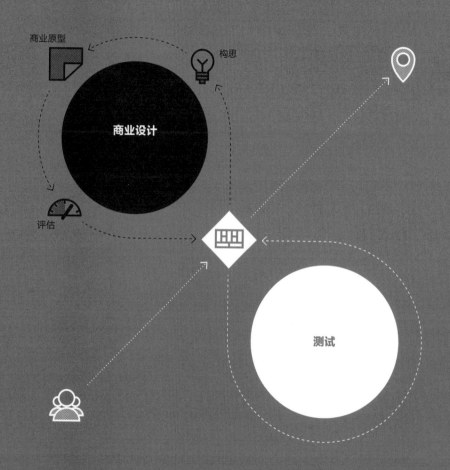

商业原型

构思

商业设计

评估

测试

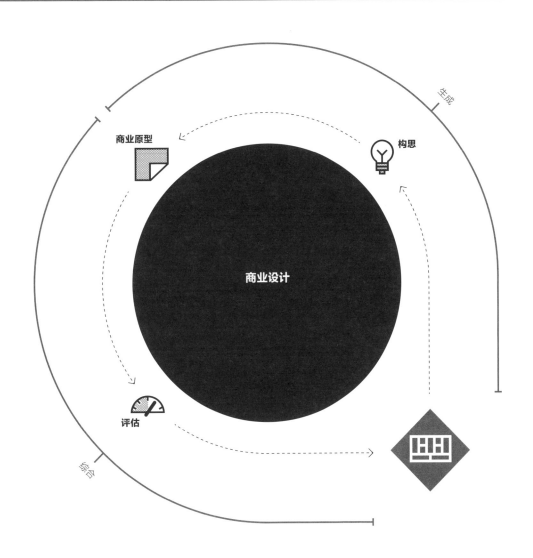

商业设计

在设计回路中，你需要不断塑造和重塑商业创意，以将其变为最优的价值主张和商业模式。你的第一次迭代基于你的直觉和出发点（产品创意、技术、市场机会等）。随后的迭代则基于从测试回路中得到的证据和洞察。

生成

设计回路的第一阶段是要竭尽所能生成更多的可能性和创意。这需要发散性思维。

商业原型

构思

商业设计

评估

综合

设计回路的第二阶段是要综合各种可能性，并将选项范围收窄到最有前景的机会上。

设计回路分为三个步骤

1. 构思

第一步，你需要试着想出尽可能多的替代方法，利用你最初的直觉或从测试中获得的洞察，将你的创意变成一项强大的业务。不要迷恋你最初的创意。

2. 商业原型

第二步，你需要通过创建商业原型来收窄构思出的方案范围。起初你可以使用粗略的原型，比如餐巾纸草图，随后可以使用价值主张画布和商业模式画布来让你的创意变得清晰和形象化。在本书中，我们使用这两个工具将创意切分成更小的可测试模块。在未来的迭代中，你可以根据从测试中获得的洞察不断改进你的商业原型。

3. 评估

第三步，你需要评估你的商业原型设计得如何。你要问这样的问题："这是解决客户工作、收益和痛点问题的最佳途径吗？"或者，"这是把我们的创意商业化的最佳途径吗？"，或者，"这是否充分考虑到了我们从测试中获得的洞察？"。一旦你对商业原型的设计感到满意，就可以着手在真实场景中进行测试，或者如果你正在进行后续的迭代，则可以回到测试这一步。

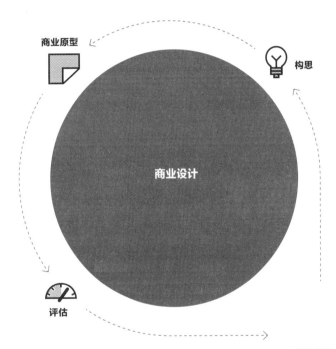

注意事项

本书侧重于测试商业创意，并为你提供了一个试验库来测试你的创意和商业原型。如果你想了解更多关于商业设计的知识，我们建议你阅读《商业模式新生代》和《价值主张设计》（两本书均由机械工业出版社出版），或下载免费的在线资料。

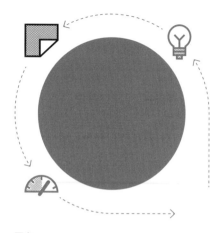

要点

商业模式画布

你不需要是商业模式画布方面的专家，本书照样可以让你能用画布把创意塑造成一个可以定义、测试并管理风险的商业模式。在本书中，我们使用商业模式画布来定义创意的需求性、可行性和收益性。如果你希望深入了解商业模式画布，我们推荐你阅读《商业模式新生代》，或上网了解更多信息。

客户细分

描述的是企业想要获得和期望服务的不同的目标人群和机构。

价值主张

描述的是为某一客户群体提供能为其创造价值的产品和服务。

渠道通路

描述的是企业如何同它的客户群体进行沟通并建立联系，以向对方传递自身的价值主张。

客户关系

描述的是企业与特定客户群体所建立的客户关系的类型。

收入来源

描述的是企业从每一个客户群体中获得的现金收益。

核心资源

描述的是保证一个商业模式顺利运行所需的最重要的资产。

关键业务

描述的是企业为保障其商业模式正常运行所需做的最重要的事情。

重要合作

描述的是保证一个商业模式顺利运行所需的供应商和合作伙伴网络。

成本结构

描述的是运行一个商业模式所发生的全部成本。

要了解更多关于商业模式画布的信息，请访问：
strategyzer.com/books/business-model-generation

商业模式画布

为谁设计：　　　由谁设计：　　　日期：　　版本：

重要合作 🔗	关键业务 ✅	价值主张 🎁	客户关系 ♥	客户细分 ◕
	核心资源 👨‍🏭		渠道通路 🚚	

成本结构 🏷	收入来源 💰

Ⓢ Strategyzer
strategyzer.com

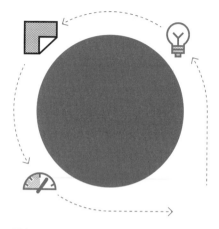

要点

价值主张画布

就像商业模式画布一样，价值主张画布也是如此。你不需要成为这方面的专家，也能从本书中获得收益。我们会使用价值主张画布来帮助你构筑你的试验框架，尤其是理解客户，以及理解你的产品和服务是如何创造价值的。如果你希望深入了解价值主张画布，我们推荐你阅读《价值主张设计》，或上网了解更多信息。

价值图

以更加结构化和细致化的方式描述商业模式中特定价值主张的特点。

客户概况

以更加结构化和细致化的方式描述商业模式中特定的客户细分（客户群）。

产品和服务

列出基于你的价值主张的所有产品和服务。

客户工作

描述客户在工作和生活中正试图完成的事项。

收益创造方案

描述你的产品和服务是如何创造客户收益的。

收益

描述客户希望获得的结果或正在寻找的具体利益。

痛点缓释方案

描述你的产品和服务是如何解决客户的痛点的。

痛点

描述与客户工作相关的坏的结果、风险和障碍。

想了解更多关于价值主张画布的信息，请访问：
strategyzer.com/books/value-proposition-design

22

设计

价值主张画布

价值主张

客户细分

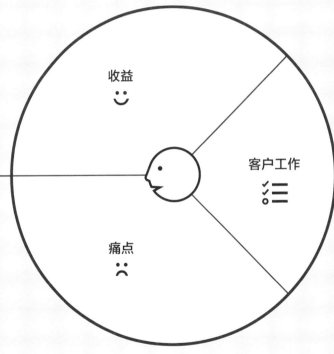

收益创造方案

产品和服务

痛点缓释方案

收益

客户工作

痛点

Strategyzer
strategyzer.com

23

塑造创意

试

"一家创业公司的创始愿景类似于
一个科学假设。"

———————

拉希米·辛哈（Rashmi Sinha）
Slideshare公司创始人

模块 2　测试

2.1　假设

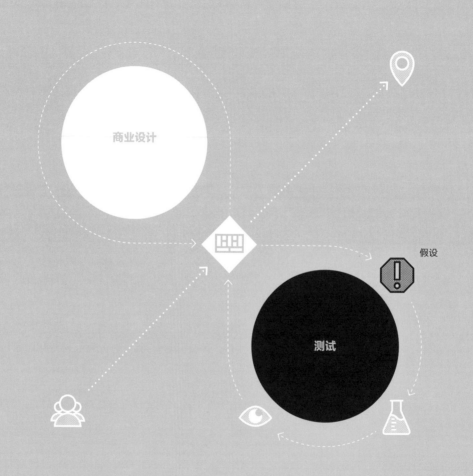

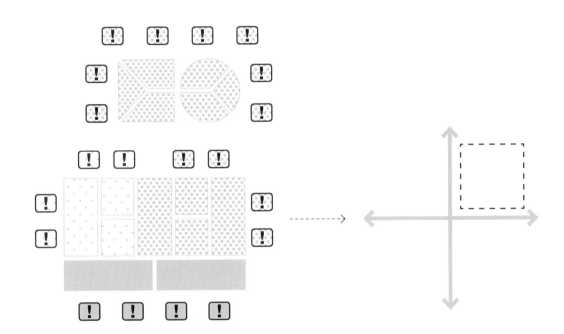

1. 识别创意中隐含的假设

要测试一个商业创意，你首先必须明确创意失败的全部风险。你需要把创意中隐含的假设变成可以测试的明确假设。

2. 对最重要的假设进行优先级排序

为了确定首先要测试的是最重要的假设，你需要问两个问题。第一："什么是最重要的假设，只有它成立，我的创意才会成功？"第二："对于哪些假设，我缺乏来自现实的确凿证据？"

假设

英文中"假设"（hypothesis）一词源自古希腊语，原意是"设想"。有些人甚至把"假设"称为有依据的猜测。"假设"是用来证明或推翻你预设的工具。

以测试商业创意为目的，我们聚焦于商业假设，并将其定义为：

- 价值主张、商业模式或战略所基于的一种预设。
- 为证明商业创意能否成功所需要了解的内容。

创建一个好的商业假设

针对你的商业创意，在创建你默认其成立的假设时，要以"我们相信……"为开头。

"我们相信，千禧一代的父母会为他们的孩子按月订阅教育类科学项目。"

请注意，如果你以"我们相信……"为开头创建你的所有假设，你可能会陷入"确认偏见"（confirmation bias）的陷阱中。你会不断试图证明你所相信的，而不是试图推翻它。为了防止这种情况发生，要有意地设定一些能推翻你的预设的假设。例如：

"我们相信，千禧一代的父母不会为他们的孩子按月订阅教育类科学项目。"

你甚至可以同时测试这些相互对立的假设。当团队成员无法就测试哪个假设达成一致时，这样做尤其有帮助。

优质假设的特征

一个优质的商业假设描述了一个你想调查的可测试的、精确的、独立的事项。以此为目标，我们可以继续完善和拆解前面关于科学项目订阅业务的假设。

	✗	✓
可测试的 当你的假设可以基于证据（并以经验为导引）显示为真（成立）或假（不成立）时，该假设就是可测试的。	– *我们相信千禧一代的父母更喜欢手工项目。*	☐ *我们相信千禧一代的父母更喜欢精心策划的、符合他们孩子教育水平的科学项目。*
精确的 当你的假设描述出了成功的状态时，该假设就是精确的。理想情况下，它为你的预设描绘了精确的事件、对象和时间。	– *我们相信千禧一代会在科学项目上花费很多。*	☐ *我们相信有5～9岁孩子的千禧一代父母会每月支付15美元，订阅符合他们孩子教育水平的科学项目。*
独立的 当你的假设只描述了一个你想调查的显著的、可测试的、精确的事项时，它就是独立的。	– *我们相信，我们可以通过批销和运输科学项目材料获得利润。*	☐ *我们相信，我们可以用低于3美元一盒的价格批发采购科学项目材料。* ☐ *我们相信，我们可以用低于5美元一盒的价格在国内运输我们销售出去的科学项目材料。*

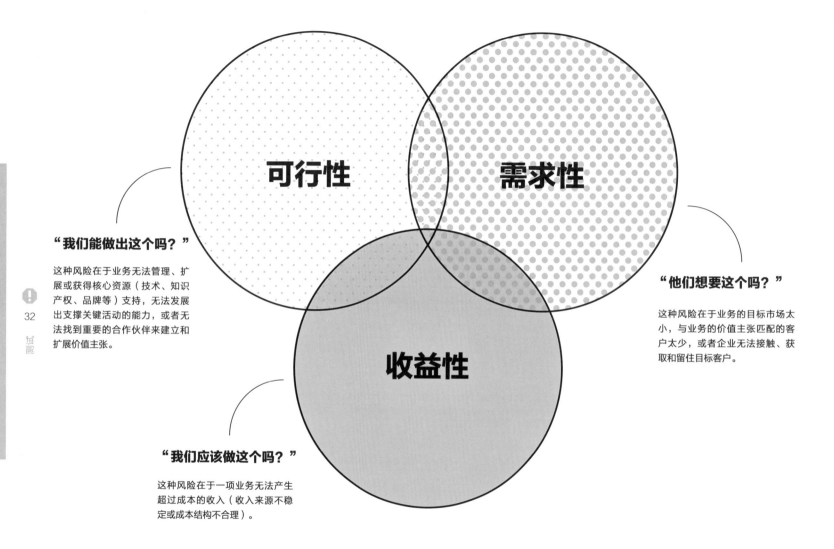

"我们能做出这个吗？"

这种风险在于业务无法管理、扩展或获得核心资源（技术、知识产权、品牌等）支持，无法发展出支撑关键活动的能力，或者无法找到重要的合作伙伴来建立和扩展价值主张。

可行性

需求性

收益性

"他们想要这个吗？"

这种风险在于业务的目标市场太小，与业务的价值主张匹配的客户太少，或者企业无法接触、获取和留住目标客户。

"我们应该做这个吗？"

这种风险在于一项业务无法产生超过成本的收入（收入来源不稳定或成本结构不合理）。

假设的类型

改编自拉里·基利（Larry keeley），Doblin 集团和 IDEO

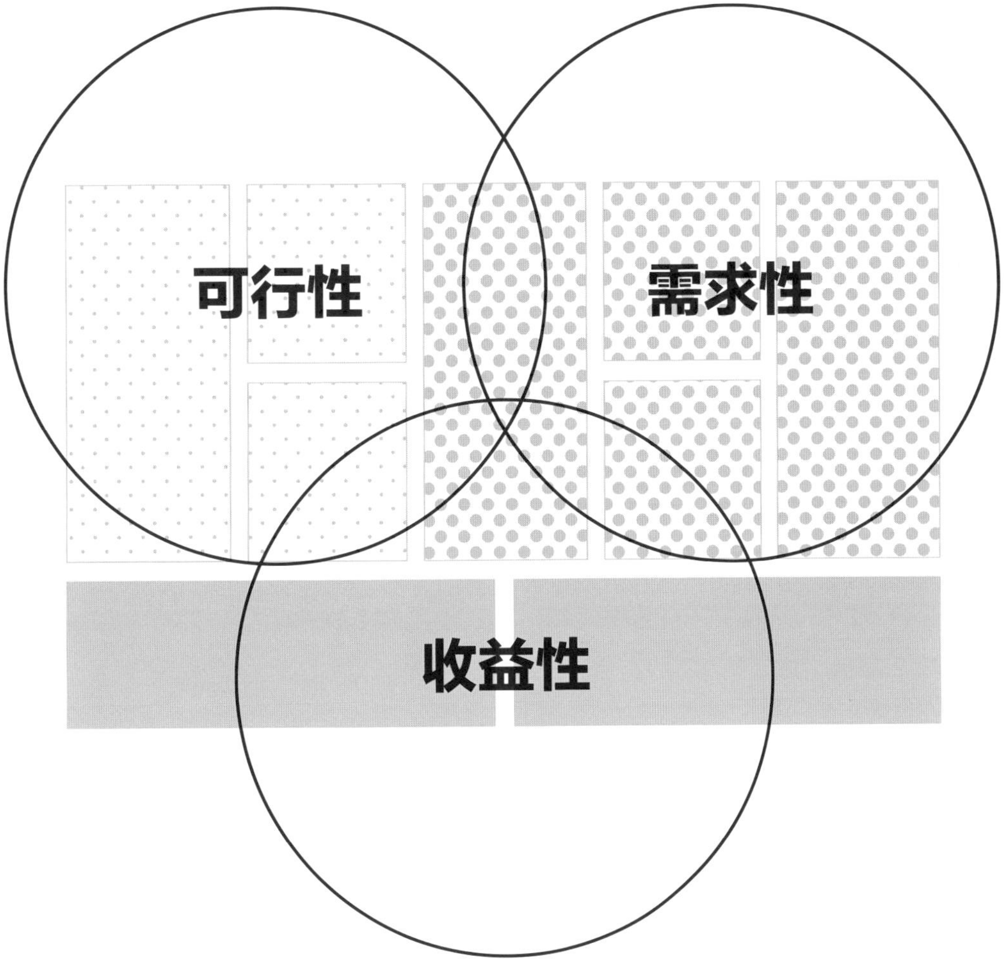

可行性

需求性

收益性

商业模式画布上的假设类型

假设

需求性假设
首先探索

价值主张画布中，在价值图和客户概况两侧都蕴藏着市场风险。需要从以下方面识别你做出的需求性假设。

商业模式画布中，在客户细分、价值主张、渠道通路和客户关系等方面蕴藏着市场风险。需要从以下方面识别你做出的需求性假设。

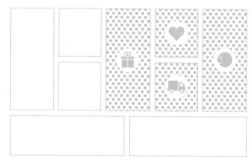

34

客户概况
我们相信……

- 我们将解决对客户来说真正重要的工作问题。
- 我们聚焦于对客户来说真正重要的痛点。
- 我们聚焦于对客户来说真正重要的收益。

价值图
我们相信……

- 我们的产品和服务真正解决了高价值的客户工作问题。
- 我们的产品和服务缓解了最大的客户痛点。
- 我们的产品和服务创造了重要的客户收益。

客户细分
我们相信……

- 我们针对的是正确的细分客户群。
- 我们针对的细分客户群确实存在。
- 我们针对的细分客户群规模足够大。

价值主张
我们相信……

- 我们为相应的细分客户群提供了正确的价值主张。
- 我们的价值主张足够独特，可以复制。

渠道通路
我们相信……

- 我们有合适的渠道来接触和获得客户。
- 我们可以掌控这些渠道以提供价值。

客户关系
我们相信……

- 我们可以与客户建立适当的关系。
- 客户很难转而使用竞争对手的产品。
- 我们可以留住客户。

可行性假设
其次探索

商业模式画布中，在关键业务、核心资源和重要合作等方面蕴藏着基础设施风险。需要从以下方面识别你做出的可行性假设。

关键业务
我们相信……

- 我们能够以构建商业模式所需要的质量水平（在一定规模下）开展各项业务活动。

核心资源
我们相信……

- 我们能够确保和管理构建商业模式所需要的所有技术和资源（在一定规模下），包括知识产权、人力、财务和其他资源。

重要合作
我们相信……

- 我们可以建立构建我们业务所需要的合作伙伴关系。

收益性假设
最后探索

商业模式画布中，在收入来源和成本结构等方面蕴藏着财务风险。需要从以下方面识别你做出的收益性假设。

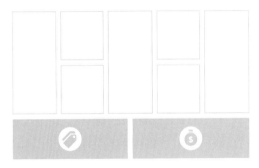

收入来源
我们相信……

- 我们可以让客户为我们的价值主张支付一定的费用。
- 我们的业务能产生足够的收入。

成本结构
我们相信……

- 我们可以管理因基础设施而产生的成本，并保持相应成本可控。

利润
我们相信……

- 我们的业务能产生比成本更多的收入，以获得利润。

绘制预设地图

一种团队活动，用以明确需求性、可行性和收益性假设，并根据重要性和证据对假设进行优先级排序。

每一种全新创意、产品、服务、价值主张、商业模式或战略，都需要放手一搏。在你的创意中，这些都是重要但未经证实的，可能直接决定你的业务的成败。绘制预设地图旨在帮助你以假设的形式明确所有风险，这样你就可以对它们进行优先级排序，并专注于你近期的试验。

如何促进

核心团队

核心团队的成员是那些全身心投入新业务尝试直至成功的人。他们是跨职能的组合。这意味着他们拥有产品、设计和技术方面的技能，这是在市场上向真实客户交付并快速学习所需要的。至少，在基于商业模式画布来绘制预设地图时，核心团队需要在场。

支持性团队

支持性团队包括那些不一定全职投入新业务尝试的成员，但他们也是新业务成功不可或缺的一部分。你需要法务、安全、合规、营销和用户研究方面的人员，来测试那些核心团队缺乏相关领域知识和专门技术的预设。

如果没有一个强大的支持性团队，核心团队可能会缺乏证据并在重要事项上无法做出明智的决定。

改编自戈塞尔夫和赛登的《精益设计》。

识别假设

步骤 1

在便利贴上分别写下：

- 需求性假设，并将其贴在你的画布上。
- 可行性假设，并将其贴在你的画布上。
- 收益性假设，并将其贴在你的画布上。

最佳实践

- 用不同颜色的便利贴分别表示需求性、可行性和收益性假设。
- 你的假设应该是尽可能具体的，在你的认知范围内，基于你当前所知的信息。
- 每个假设都应该是一张独立的便利贴。不要在一张便利贴上罗列多个要点，这样更容易对你的假设进行优先级排序。
- 保持你的假设简短而精确。不要长篇大论。
- 书写时，以团队为单位进行讨论并达成一致。

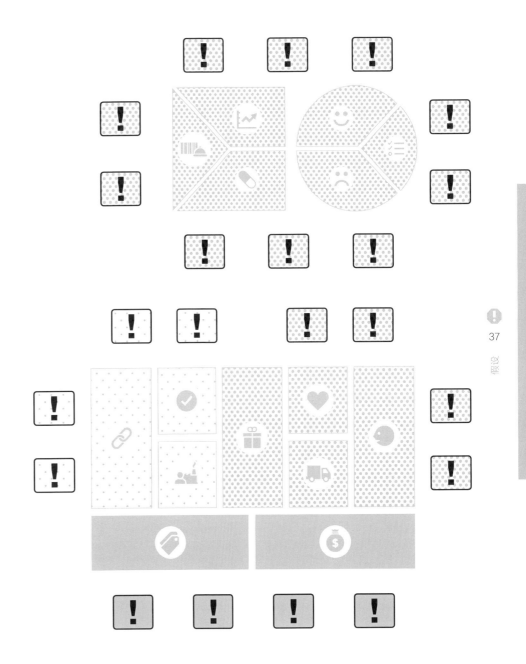

对所有假设进行优先级排序

步骤 2

使用预设地图，根据重要性和有无证据，对你的所有假设进行优先级排序。

横轴：证据

在横轴上，按照有无或者有多少证据能证实或推翻某个特定假设，把你所有的假设排布在相应的位置。如果你能提出紧密相关的、可观察的和近期的证据来证实某个假设，就把该假设放在左侧。如果你没有证据，进而需要在未来搜索证据，就把相应假设放在右侧。

纵轴：重要性

在纵轴上，你需要将所有的假设按重要性排列。如果某个假设对你的商业创意成功至关重要，就把它放在最上方。换句话说，如果这个假设被证明是错误的，你的商业创意就会失败，所有其他的假设也就无关紧要了。如果某个假设不在你的首批测试范围内，你就可以把它放在下方。

左上角

分享

将列入左上角象限的假设与你的证据一一核实，并与团队分享核实的结果。这些假设是否真的有可观察的证据来支持它们？对证据提出疑问，以确保证据的质量足够高。在你后续的计划中要持续跟踪这些假设。

右上角

进行试验

聚焦右上角象限，以确定哪些假设要首先被测试。这一象限确定了你的近期试验。创建试验来解决你业务中的这些高风险主题。

识别并优先考虑风险最大的假设

步骤 3

以测试商业创意为目的，主要关注点应是预设地图右上角的象限：对那些只有少量证据的重要假设进行试验。这些预设如果被推翻，意味着你的业务将走向失败。

对需求性假设进行优先级排序

首先，以团队为单位，把每个需求性假设放置到预设地图上的相应位置。

对可行性假设进行优先级排序

接下来，把每个可行性假设放置到预设地图上的相应位置。

对收益性假设进行优先级排序

最后，把每个收益性假设放置到预设地图上的相应位置。

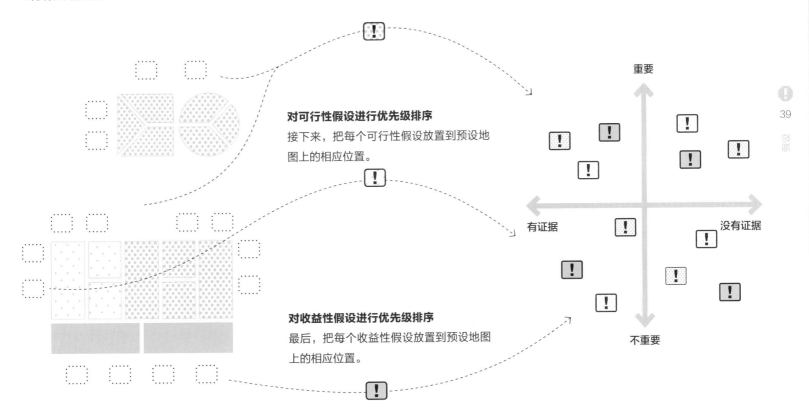

重要

有证据

没有证据

不重要

39

"你的理论有多漂亮并不重要，你有多聪明也不重要。只要它与试验结果不一致，它就是错的。"

————

理查德·费曼（Richard Feynman）
美国理论物理学家

2.2　试验

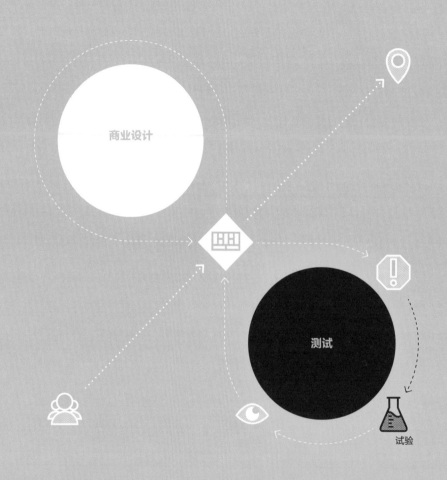

商业设计

测试

试验

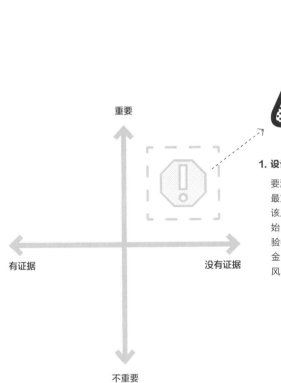

重要

有证据 ←———————→ 没有证据

不重要

测试卡 ⊘Strategyzer

1. 设计试验

要测试你的商业创意，你要把最重要的假设变成试验。你应该从耗时短、成本低的试验开始，以便快速学习。每一个试验都会降低你把时间、精力和金钱花在那些无效创意上的风险。

2. 运行试验

每个试验都有特定的运行时间，以产生足够的证据供你从中学习。要确保你像科学家一样运行试验，这样你的证据才是干净的，不会产生误导。

试验

试验是降低你的商业创意的不确定性和风险的手段。

科学方法的核心就在于试验。就像假设一样，回溯历史，从视觉成像原理到时间的测量，每一次科学发现都离不开试验。

长期持续的实践表明，科学方法是孕育洞察的重要方法。

孩子们天生会通过试验和迭代的方法来解决问题。一旦他们进入传统的学校教育，除了科学课程，试验就越来越少。学生被打分、评价和测试的方式，意味着他们必须找到唯一的正确答案。而在生活中，正如在商业领域一样，很少有唯一的正确答案。因此，随着时间的推移，人们越来越倾向于追求正确而非取得进展，因为他们已经默认会因犯错而受到惩罚。

在这种教育体系中长大的孩子，成年后往往纠结于会不会犯错，这并不奇怪。奖励正确和惩罚错误的文化，会延伸到他们的企业中。他们已经习惯于寻找唯一的正确答案。

当你阅读这本书并学习如何测试你的商业创意时，你会发现往往不是只有一条路可以走，而是有很多条。

在你做试验的时候，回想一下在幼儿园和学前班做下述动作时的感觉：尝试把方形木块塞进圆形洞口。试验是一种结构化的创造力。请在你自己的身上和你的团队中挖掘这种能量。

以测试商业创意为目的，聚焦商业试验，它：

- 是降低某个商业创意的不确定性和风险的程序。
- 能产生证实或推翻某个假设的或弱或强的证据。
- 可以速度或快或慢、成本或高或低地进行。

什么是好的试验?

好的试验是足够精确的,以便团队成员可以反复进行并产生可用的和可比较的数据。

- 精确定义"谁"(测试对象)
- 精确定义"哪里"(测试环境)
- 精确定义"什么"(测试元素)

试验有哪些组成部分?

一个完善的商业试验有四个组成部分。

1. 假设

来自你的预设地图右上角象限的最关键的假设。

2. 试验

描述为证实或推翻假设,你将进行怎样的试验。

3. 指标

作为试验的一部分,你将衡量哪些指标。

4. 标准

在相应的指标上,你的试验成功的标准。

行为召唤(Call-to-Action)试验

一种特定类型的试验,提示测试对象采取某种可观察的行动。用于在试验中测试一个或多个假设。

測试卡 ⓦStrategyzer

測试名称 截止日期
分配给 持续时间

第一步: 假设
我们相信

关键程度:

第二步: 试验
为了测试以上假设,我们将

测试成本: 数据可靠程度:

第三步: 指标
我们衡量

所需时间:

第四步: 标准
我们是成功的,如果符合

Copyright Strategyzer AG   The makers of Business Model Generation and Strategyzer

45

试验

为你的假设创建多个试验

在我们共事过的团队中，没有人只做了一个试验就取得了重大突破，继而开创了数十亿美元的业务。在现实中，需要进行一系列的试验才有可能打造出一项成功的业务。使用测试卡和试验库来创建完善的试验，可以更好地测试你的商业假设。

测试卡	☺ Strategyzer
客户访谈	截止日期
分配给　格雷斯·格兰特	持续时间

第一步：假设

我们相信　千禧一代的父母更喜欢精心策划的、符合他们孩子教育水平的科学项目。

关键程度：▲ ▲ ⚠

第二步：试验

为了测试以上假设，我们将　采访20位千禧一代父母，了解他们孩子的科学项目需求。

测试成本　数据可靠程度

第三步：指标

我们衡量　现有解决方案无法满足的客户最重要的工作、痛点和收益。

所需时间：

第四步：标准

我们是成功的，如果符合　我们对最重要的工作、痛点和收益的排名的准确性达到80%。

测试卡	☺ Strategyzer
搜索趋势分析	截止日期
分配给　鲍勃·盖尔	持续时间

第一步：假设

我们相信　千禧一代的父母更喜欢精心策划的、符合他们孩子教育水平的科学项目。

关键程度：▲ ▲ ⚠

第二步：试验

为了测试以上假设，我们将　对在网上搜索儿童科学项目解决方案的千禧一代父母进行搜索趋势分析。

测试成本　数据可靠程度

第三步：指标

我们衡量　国内搜索量。

所需时间：

第四步：标准

我们是成功的，如果符合　在国内，每个月的搜索量超过10 000次。

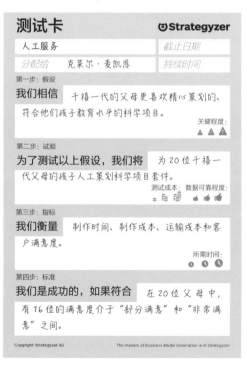

测试卡	☺ Strategyzer
人工服务	截止日期
分配给　克莱尔·麦凯恩	持续时间

第一步：假设

我们相信　千禧一代的父母更喜欢精心策划的、符合他们孩子教育水平的科学项目。

关键程度：▲ ▲ ⚠

第二步：试验

为了测试以上假设，我们将　为20位千禧一代父母的孩子人工策划科学项目套件。

测试成本　数据可靠程度

第三步：指标

我们衡量　制作时间、制作成本、运输成本和客户满意度。

所需时间：

第四步：标准

我们是成功的，如果符合　在20位父母中，有16位的满意度介于"部分满意"和"非常满意"之间。

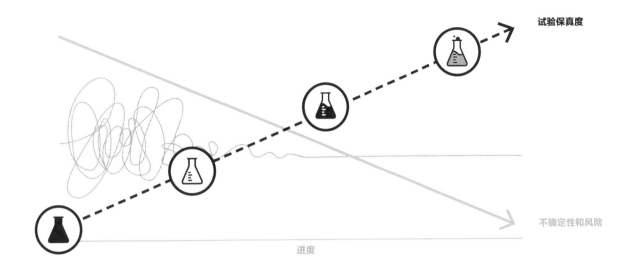

试验保真度

不确定性和风险

进度

试验降低不确定性风险

读完本书后，你会开始了解试验如何帮助你迅速
降低不确定性风险。你将学会如何随着时间的推
移逐步降低风险，而不是在"客户真空区"长期
闭门造车。这使你得以在合适的时间和合适的保
真度上开展工作。

"任何不为自己去年的表现感到尴尬的
人，可能学得都不够。"

————

阿兰·德波顿（*Alain de Botton*）
哲学家

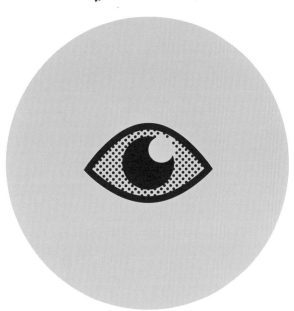

2.3　学习

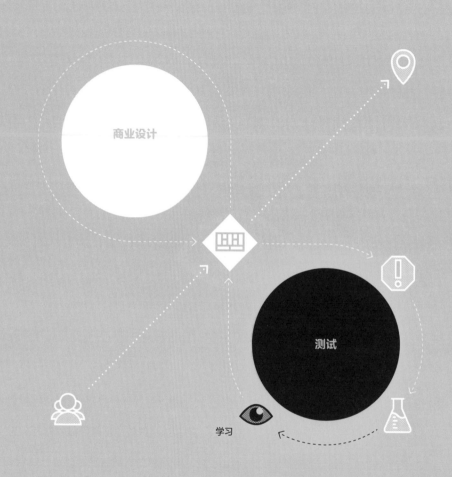

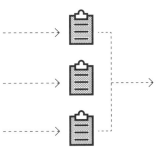

测试卡 ⊙ **Strategyzer**

Copyright Strategyzer

学习卡 ⊙ **Strategyzer**

Copyright Strategyzer

1. 分析证据

证据不会自己说话。你需要针对某一特定假设，汇总从不同的试验中得到的证据并进行分析。确保你能区分强度不同的证据。

2. 获得洞察

洞察是你从分析数据中得到的关键知识。它们使你能够证实或推翻你正在测试的假设。你的洞察可以帮助你了解你的创意有多大可能成功。

证据强度

证据强度决定了该证据验证或推翻某种假设的可靠程度。你可以通过检查以下四个方面来评估证据强度。

证据

什么是证据?

证据的作用是证实或推翻你的商业创意中隐含的假设。它是你从研究中获得的或从商业试验中产生的数据。证据可以有许多不同的形式,其强度各不相同。

以测试商业创意为目的,我们聚焦于商业试验证据,并将其定义为:

- 从试验中产生的或在现场收集的数据。
- 用来证实或推翻假设的事实。
- 性质不同(如引述、行为、转化率、订单、购买等),则强度不同。

弱证据	(更)强证据
1. **观点(信念)** 人们说的"我会······""我认为_____是很重要的""我相信······"或"我喜欢······"之类的话。	**事实(事件)** 人们说的"上周我_____""在那种情况下,我通常_____"或"我花费了_____"之类的话。
2. **人们所说的** 人们在采访或调查中所说的,不一定是他们在现实生活中会做的或将要做的。	**人们所做的** 根据可观察到的行为,通常能很好地预测人们的行为方式,以及人们在未来可能会做什么。
3. **实验室环境下** 当人们意识到你在测试一些东西时,他们的行为可能不同于实际情况中的表现。	**实际情况中** 对未来行为最可靠的预测是,当人们不知道他们正在接受测试时,你观察到的他们的表现。
4. **小额投资** 通过注册电子邮件以获知即将发布的产品,是一个小额投资和相对较弱的兴趣证据。	**大额投资** 预先购买产品或以自己的专业声誉为代价,是一项重大的投资,也是真正感兴趣的有力证据。

不同的试验会产生不同的证据

客户访谈

测试卡 ⊙Strategyzer

客户访谈	截止日期
分配给　格雷斯·格兰特	持续时间

第一步：假设
我们相信　千禧一代的父母更喜欢精心策划的、符合他们孩子教育水平的科学项目。
关键程度：▲ ▲ ⚠

第二步：试验
为了测试以上假设，我们将　采访20位千禧一代父母，了解他们孩子的科学项目需求。
测试成本：　数据可靠程度：

第三步：指标
我们衡量　现有解决方案无法满足的客户最重要的工作、痛点和收益。
所需时间：

第四步：标准
我们是成功的，如果符合　我们对最重要的工作、痛点和收益的排名的准确性达到80%。

Copyright Strategyzer AG　The makers of Business Model Generation and Strategyzer

访谈记录

证据强度

"我们希望我们的孩子能有一个独特的科学展览项目，而不是和其他孩子一样。"

"它必须适合他的年级水平。我们试过的那个说是适合二年级学生，但难度太大了。"

"我们在网上找到的许多免费的套件都缺少说明，或说明混乱。"

"我愿意花钱买一个科学项目套件——一个盒子，里面包含我们需要的所有东西。"

搜索趋势分析

测试卡 ⊙Strategyzer

搜索趋势分析	截止日期
分配给　鲍勃·盖尔	持续时间

第一步：假设
我们相信　千禧一代的父母更喜欢精心策划的、符合他们孩子教育水平的科学项目。
关键程度：▲ ▲ ⚠

第二步：试验
为了测试以上假设，我们将　对在网上搜索儿童科学项目解决方案的千禧一代父母进行搜索趋势分析。
测试成本：　数据可靠程度：

第三步：指标
我们衡量　国内搜索量。
所需时间：

第四步：标准
我们是成功的，如果符合　在国内，每个月的搜索量超过10 000次。

Copyright Strategyzer AG　The makers of Business Model Generation and Strategyzer

搜索量数据

证据强度

2月份数据：

"科学展创意"的搜索量有5000～10 000次。

"幼儿园的科学展览创意"的搜索量有10 000～15 000次。

"一年级的科学展览创意"的搜索量有1000～5000次。

"二年级的科学展览创意"的搜索量少于1000次。

"三年级的科学展览创意"的搜索量少于1000次。

人工服务

测试卡 ⊙Strategyzer

人工服务	截止日期
分配给　克莱尔·麦凯恩	持续时间

第一步：假设
我们相信　千禧一代的父母更喜欢精心策划的、符合他们孩子教育水平的科学项目。
关键程度：▲ ▲ ⚠

第二步：试验
为了测试以上假设，我们将　为20位千禧一代父母的孩子人工策划科学项目套件。
测试成本：　数据可靠程度：

第三步：指标
我们衡量　制作时间、制作成本、运输成本和客户满意度。
所需时间：

第四步：标准
我们是成功的，如果符合　在20位父母中，有16位的满意度介于"部分满意"和"非常满意"之间。

Copyright Strategyzer AG　The makers of Business Model Generation and Strategyzer

人工服务数据

证据强度

制作时间：每个套件2小时

制作成本：每个套件10～15美元

运输成本：每个套件5～8美元

家长的客户满意度得分：部分满意

定义

洞察

54

什么是洞察？

看东西和找东西是有区别的。证据本身并不能帮助你降低你的商业创意的风险，因此，我们建议从你的试验所产生的证据中收集洞察。

以测试商业创意为目的，商业洞察的定义是：

- 从证据分析中学到的东西。
- 关于假设的有效性和新方向的潜在发现的总结。
- 做出明智的商业决策和采取行动的基础。

客户访谈

访谈
记录

搜索趋势分析

搜索量
数据

人工服务

人工服务
数据

学习卡 ⓦ Strategyzer

客户访谈	*学习的日期*
负责人	格雷斯·格兰特

第一步: 假设

我们相信 千禧一代的父母更喜欢精心策划的、符合他们孩子教育水平的科学项目。

第二步: 观察

我们观察到 千禧一代的父母希望他们的孩子有一个独特的且与其能力相符的项目, 并配有清晰的项目指引。

数据可靠程度: 👍👍👍

第三步: 学习与洞察

从中我们学习到 独特性是一项最重要的工作, 而我们先前没有重视。

所需后续行动: ☑ ☑ ☑

第四步: 决定与行动

因此, 我们将 将这一独特的客户语言用在我们即将上线的着陆页, 以描述价值主张。

学习卡 ⓦ Strategyzer

搜索趋势分析	*学习的日期*
负责人	鲍勃·盖尔

第一步: 假设

我们相信 千禧一代的父母更喜欢精心策划的、符合他们孩子教育水平的科学项目。

第二步: 观察

我们观察到 千禧一代的父母会在线搜索科学展的创意。

数据可靠程度: 👍👍

第三步: 学习与洞察

从中我们学习到 符合幼儿园相关年级水平的项目搜索量最高。

所需后续行动: ☑ ☑ ☑

第四步: 决定与行动

因此, 我们将 深入了解学龄前儿童的家长, 以便更好地理解他们的需求。

学习卡 ⓦ Strategyzer

人工服务	*学习的日期*
负责人	克莱尔·麦凯恩

第一步: 假设

我们相信 千禧一代的父母更喜欢精心策划的、符合他们孩子教育水平的科学项目。

第二步: 观察

我们观察到 总体而言, 反馈是积极的, 但制作套件的时间和成本超出了我们的预期。

数据可靠程度: 👍👍

第三步: 学习与洞察

从中我们学习到 即便家长们都是基本满意的, 我们仍要寻找方法降低制作时间和成本。

所需后续行动: ☑ ☑ ☑

第四步: 决定与行动

因此, 我们将 寻找批发供应商, 并优化组装套件的步骤。

置信水平

置信水平表明有多相信证据足以证实或推翻某个特定的假设。

并非所有的证据和洞察都是同一等级的。当你对某一特定假设进行了多次试验，得到的证据逐渐变强时，你就应该对自己的洞察更有信心。例如，你可以先从访谈开始，获得一些关于你的客户的工作、痛点和收益的初步洞察。然后，你可以进行问卷调查，在更大的范围内和更多的客户身上测试你的洞察。最后，你可以继续进行模拟销售，为验证客户的兴趣提供最强有力的证据。

有三个维度可以帮助你确定置信水平

1.证据的类型和强度

不同类型的证据有不同的强度。访谈中的一段话是一个相对较弱的反映未来行为的证据。模拟销售中的购买行为是一个非常有力的反映未来行为的证据。你对自己的洞察的可靠性有多大的信心，取决于你为某一特定假设所收集的证据类型。

2.每个试验中数据点的数量

数据点越多就越好。来自个人客户访谈的5条记录显然要比100条记录的置信水平低。然而，同样的5条记录可能比匿名客户调查中的100个数据点更准确。

测试种类	证据强度	数据点的数量	产生的证据的质量
客户访谈	●○○○○	10 人	弱
问卷调查	●●○○○	500 人	弱
模拟销售	●●●●○	250 人	很强

假设的置信水平

基于试验、证据和洞察，你有多强的信心可以证实或推翻某一特定的假设？

非常可信

如果你已经进行了数次试验，其中至少有一次是行为召唤试验，产生了非常有力的证据，你就可以认为证据非常可信。

部分可信

如果你已经进行了一些试验，产生了强有力的证据，或者做了一个特别有力的行为召唤试验，你就可以认为证据部分可信。

不太可信

如果你只做过访谈或调查，人们只是说他们会做什么，你就需要进行更多、更有力的试验。因为人们在实际情况中可能会有不同的表现。

完全不可信

如果你只做过一次试验，如访谈或调查，产生的证据强度较弱，你就需要进行更多的试验。

3. 为测试同一假设进行的试验的数量和类型

你的置信水平应该随着你为测试同一假设而进行的试验的数量增加而提高。三次系列访谈比一次要好。如果能分别采用客户访谈、问卷调查和模拟销售来测试同一假设，则效果更好。当你基于越来越强的证据进行试验时，你学到的东西也会越多，最后你会取得最好的结果。

"要有对行动的偏执——让我们现在就看到会发生些什么。你可以把庞大的计划拆解成细小的步骤，并立即迈出第一步。"

———

英迪拉·甘地（Indira Gandi）
印度前总理

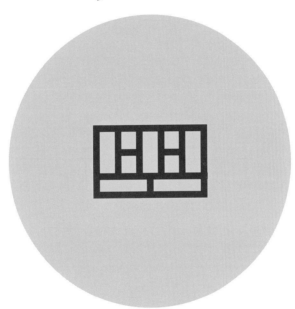

2.4　决策

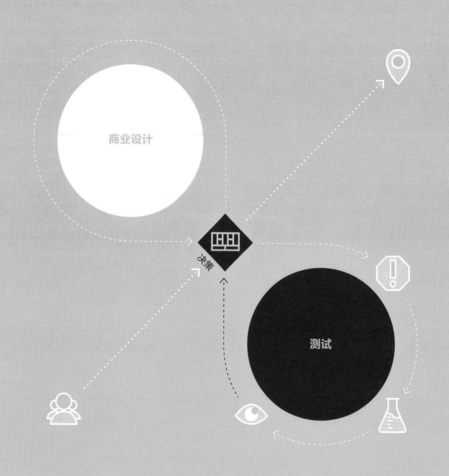

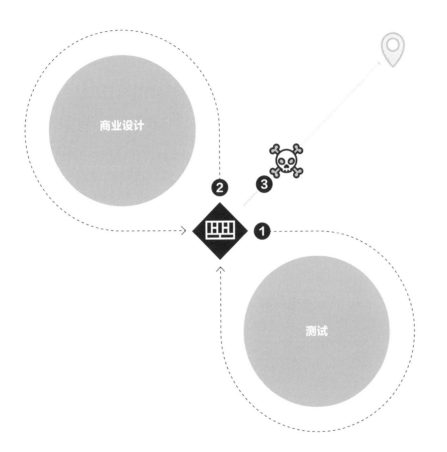

1. 坚持

这一决策是指基于既有的证据和洞察，决定继续测试某个创意。坚持就意味着你要用更有力的试验来进一步测试同一个假设，或者转而测试下一个重要假设。

2. 转向

这一决策是指对你的创意、价值主张或商业模式中的一个或多个要素进行重大改变。转向通常意味着你先前的证据有一部分和新方向并不相关。这往往需要对已经测试过的商业模式中的要素进行再次测试。

3. 摒弃

这一决策是指根据证据和洞察，决定否掉一个创意。证据可能表明，该创意在现实中是行不通的，或者盈利的潜力不足。

决策

将洞察转化为行动

仅仅是比其他人都学得快，是不够的，你还需要将学习付诸行动，因为你学到的东西是有时效的。你可能会觉得知识更新速度之快前所未有，没错，今天的人们一年内接触到的信息比20世纪初的人一生中接触到的还要多。市场和技术的发展如此之快，以至于你获得的洞察可能在几个月、几周甚至几天内就过期了。

以测试商业创意为目的，我们将行动定义为：

- 在测试和降低商业创意的风险方面取得进展的后续步骤。
- 根据收集到的洞察做出的明智决定。
- 决定放弃、改变或继续测试某个商业创意。

学习卡　　　　　　　Strategyzer

洞察名称　　　　　　学习的日期

负责人

第一步：假设

我们相信　　　　　假设

第二步：观察

我们观察到　　　　证据

数据可靠程度：

第三步：学习与洞察

从中我们学习到　　洞察

所需后续行动：

第四步：决定与行动

因此，我们将　　　行动

Copyright Strategyzer AG　　　*The makers of Business Model Generation and Strategyzer*

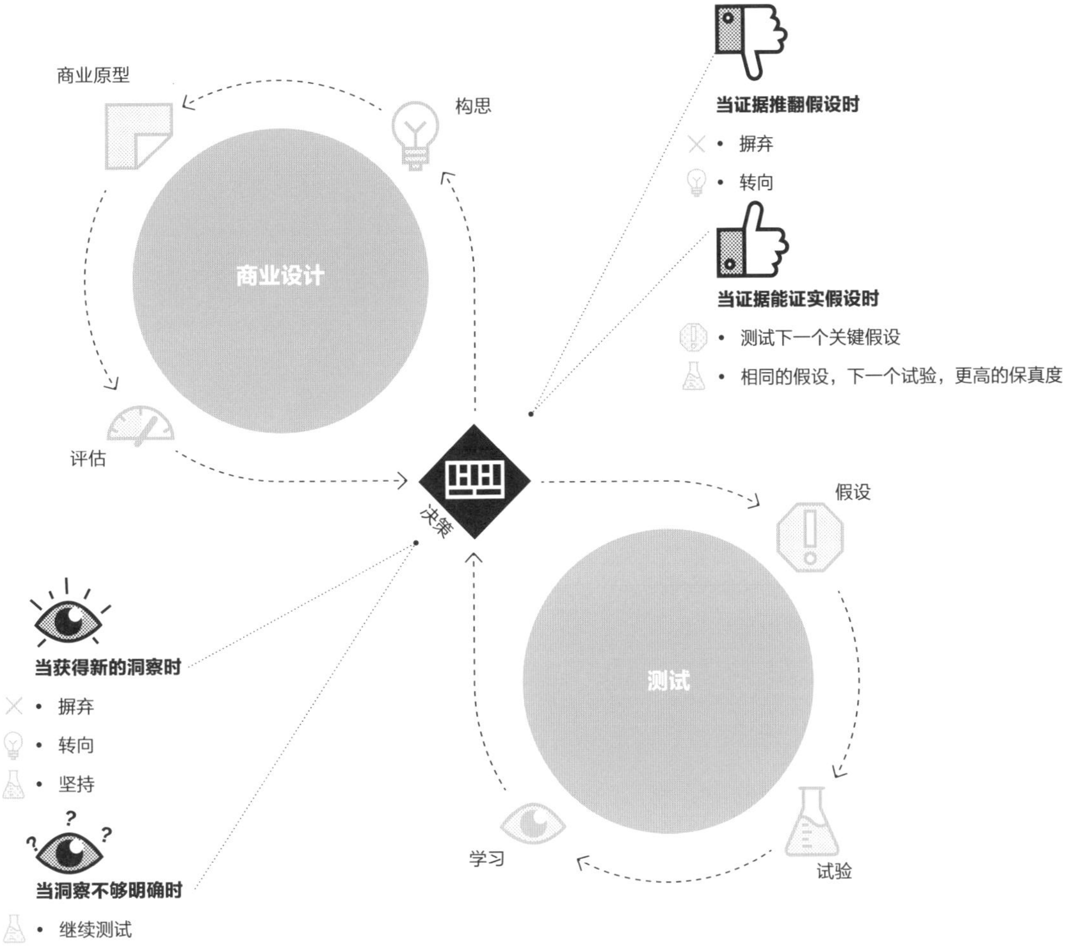

商业原型

构思

商业设计

评估

决策

当证据推翻假设时

× • 摒弃

• 转向

当证据能证实假设时

• 测试下一个关键假设

• 相同的假设，下一个试验，更高的保真度

当获得新的洞察时

× • 摒弃

• 转向

• 坚持

当洞察不够明确时

• 继续测试

假设

测试

学习

试验

"沟通中最大的问题就是自以为真的
发生了沟通。"

————

乔治·萧伯纳（George Bernard Shaw）
爱尔兰剧作家和社会活动家

模块 2　测试

2.5　管理

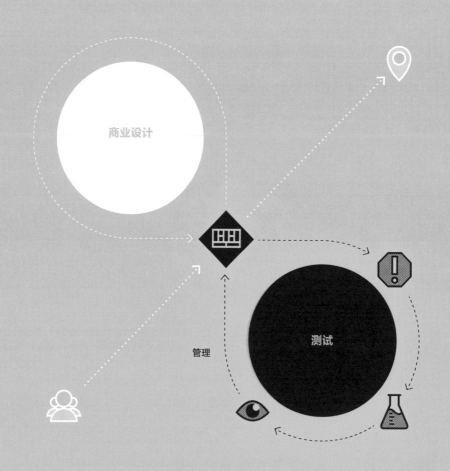

商业设计

测试

管理

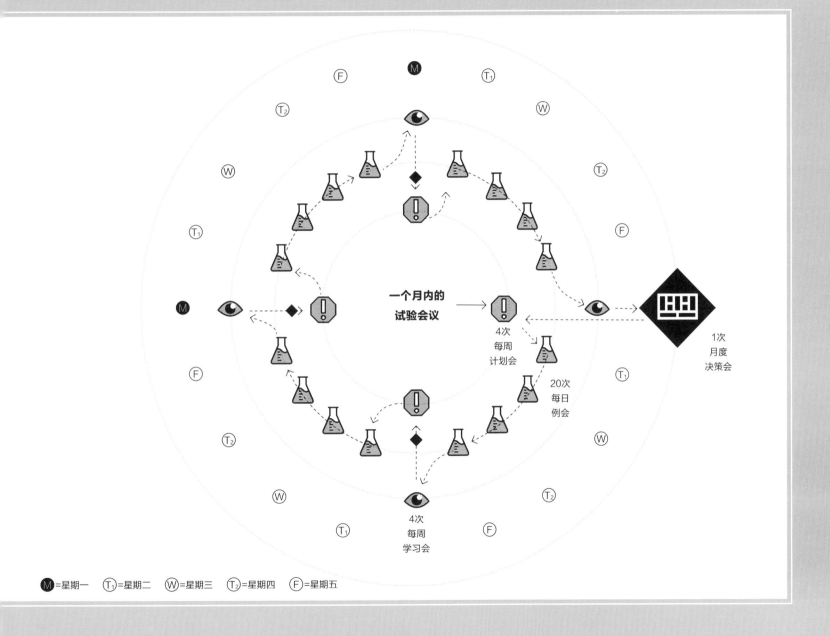

一个月内的
试验会议

4次
每周
计划会

20次
每日
例会

1次
月度
决策会

4次
每周
学习会

M =星期一 T₁ =星期二 W =星期三 T₂ =星期四 F =星期五

试验会议

会议可以帮助我们更好地展开协作，对试验来说也不例外。如果你的目标是创建一项成功的新业务，你将需要进行多次试验来找到实现的方式。这就是为什么我们推荐一系列的会议来创造一个可重复的流程。每个会议都要把信息传递给相关联的会议，以形成一个系统。

与我们共事的团队成功将商业试验变成了可重复的流程，这一系列的试验会议就源于他们多年的经验积累。我们同时还从敏捷设计思维和精益方法论中汲取了灵感。

会议种类	时间		参与者	议程
计划会	每周一次，30～60分钟		● 核心团队	• 选择假设 • 确定优先级 • 分配任务
例会	每日一次，15分钟		● 核心团队	• 创建目标 • 所需任务 • 阻碍因素
学习会	每周一次，30～60分钟		○ 支持性团队 ● 核心团队	• 收集证据 • 产生洞察 • 审视战略
复盘会	每两周一次，30～60分钟		● 核心团队	• 进展顺利 • 待改进 • 待尝试
决策会	每月一次，60～90分钟		◉ 利益相关者 ○ 支持性团队 ● 核心团队	• 学习 • 阻碍因素 • 决策

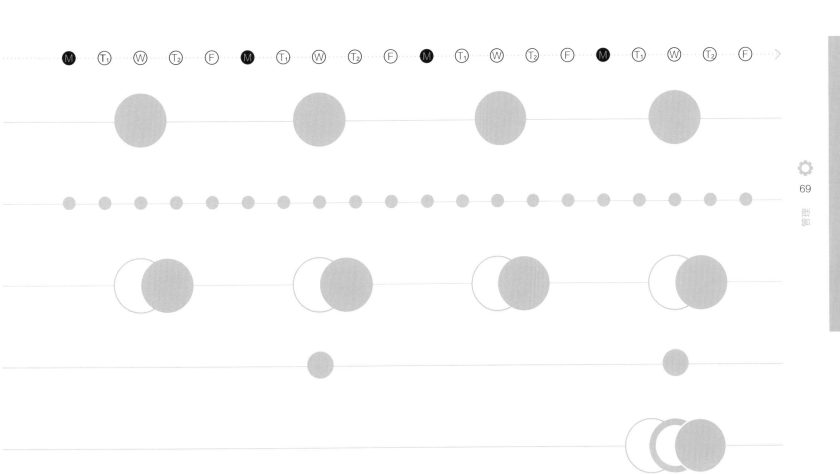

集中办公还是分散办公?

在这个科技快速发展的世界里,"坐在同一个房间里办公"已经不再是团队拥有高效率的一个先决条件了。无论是集中办公还是分散办公,我们都见证了团队采用这些试验会议,成功推动他们的新商业创意转变为业务。

集中办公的团队

对于集中办公的团队,我们建议准备一个半封闭的空间。因为很难保证为每次会议都保留一个会议室,而且如果你的过程文件是打印出来的实物文件,这意味着你每次都要带着它们。

我们指导过的许多团队都是选择布置好一面墙或一个隔间,以便他们快速协作,然后回到各自的工作中。

分散办公的团队

对于分散办公的团队,我们强烈建议尽可能采用视频聊天的方式。重要的是,与团队成员建立连接,并能够看到他们的肢体语言。幸运的是,有大量视频聊天的路径可供选择。

在审视过程文件或进行练习时,应尽量使用能实时显示人们编辑和调整内容的软件。这将避免与会者出现疑惑和重复劳动。

时间承诺

基于每天8小时的工作时间，会议的数量看起来对团队而言
有些难以承受。在现实中，试验运行之外的会议时间安排是
合理的，并且这些会议占用的主要是核心团队的时间。

核心团队**15.25小时**，*即9%的每月工作时间*

支持性团队**5小时**，*即3%的每月工作时间*

利益相关者**1小时**，*即0.6%的每月工作时间*

时间

30~60分钟

每周一次

在每周学习会之后

参会者

核心团队

每周计划会

计划接下来一周的试验并分配任务。虽然计划可能会有调整，但做计划的过程仍然是一项有价值的工作。

议程

1. 选择待测试的假设

确定并重新审视你要测试的假设。选择至少一项重要假设，在下周进行测试。

2. 对试验进行优先级排序

一旦选定了假设，就要对需要运行的试验进行优先级排序，以便了解这些假设。使用我们的试验库可确定哪个试验最适合测试需求性、可行性和收益性。

3. 分配试验任务

对试验进行优先级排序之后，就要把选择在下周运行的最重要的试验任务分配下去。请记住，复杂的试验耗时更长，而且往往需要考虑后续的任务。

公司内部团队

公司内部团队的核心成员

支持性团队的成员不是必须参加会议，除非你预计下周就会需要他们的专业知识，这时才推荐他们参加会议。

初创团队

初创团队的核心成员

即使团队只有两个人，也要养成一种习惯，解释你头脑中在考虑些什么，这样才能排列最重要工作的优先级。外部承包商不是必须参加会议，除非你预计下周就会需要他们的专业知识，这时才推荐他们参加会议。

独立创业者

即便不需要与外部承包商协调工作，独立创业者也可从每周计划会中受益。

每周计划会将帮助你保持节奏并建立成就感。

如果你正在使用外部承包商，那么他们可选择是否参加会议，除非预计下周的试验需要他们的专业知识，这时才推荐他们参加会议。

时间

15分钟

每个工作日

上午，同一时间

参会者

核心团队

每日例会

保持一致性并专注于日常工作。许多试验需要完成一系列的任务，而每日例会有助于协调日常工作。

议程

1. 每日目标是什么

创建一个每日目标。如果你的目标是去实地进行试验，那么重要的是调整你的任务以实现这一目标。请记住，每日目标是为了支撑整个业务更大、更宏伟的目标。

2. 如何实现这一目标

确定实现每日目标所需完成的任务，并安排好你一天的计划。

3. 有什么阻碍

找出任何会阻碍你完成当天试验任务或实现目标的因素。如果速度快的话，其中一部分可以在例会上解决，否则可以在例会结束后解决。

公司内部团队

公司内部团队的核心成员

找一个大家都能看到你做每日工作计划的地方举行每日例会。这种方式能很好地与组织中的其他成员交流你的工作进程。

初创团队

初创团队的核心成员

你仍然会从每日例会中受益。创业公司的发展速度飞快，你可能很快便与他人脱节，每日例会将帮助你保持一致性并专注于你的目标。

独立创业者

是的，即使是独立创业者也需要做每日计划。即使你不需要与外部承包商协调工作，每日例会也能帮助你保持条理性，并与你的大目标保持方向一致。

时间

30~60分钟

每周一次

在每周计划会之前

参会者

支持性团队

核心团队

每周学习会

进行一次对话，解读证据并将其转化为行动。请记住，你从试验中学到的应该成为整体战略的参考依据。

议程

1. 收集证据

收集试验中产生的证据，包括定性和定量两种类型的证据。

2. 产生洞察

从证据中寻找模式和洞察。即使是定性的证据，也可以使用亲和图等工具快速地进行归类。试着保持开放的心态，你可能会获得出乎意料的洞察，从而找到新的营收途径。

3. 重新审视战略

基于新洞察和当前认知，重新审视你的商业模式画布、价值主张画布和预设地图，并进行必要的更新。利用你学到的知识作为战略参考，这是关键的一步。如果感觉棘手，别担心，这是作为一个创业者经常会遇到的。

公司内部团队

公司内部团队的核心成员

支持性团队的成员不是必须参加会议，除非你预计汇总学到的知识时会需要他们的专业意见，这时才推荐他们参加会议。

初创团队

初创团队的核心成员

外部承包商不是必须参加会议，除非你预计汇总学到的知识时会需要他们的专业意见，这时才推荐他们参加会议。

独立创业者

如果你正在使用外部承包商，那么他们可以选择是否参加。除非你预计汇总学到的知识时会需要他们的专业意见，这时才推荐他们参加会议。

时间

30～60分钟

每两周一次

在每周学习会之后或每
周计划会之前

参会者

核心团队

双周复盘会

退后一步，深呼吸，然后讨论如何改进工作
方式。在我们看来，这是最重要的会议。
当你停止反思的时候，你就无法再学习和
进步。

议程

1. 哪些方面进展顺利

用5分钟时间安静地写下进展顺利的方面。这会为复盘工作
开个好头，因为人们由此得到了对团队成员和他们的合作方
式进行积极评价的空间。

2. 哪些方面待改进

用5分钟时间安静地写下待改进的方面。这些方面是进展不
顺利或可以做得更好的方面。重要的是要把这些方面作为改
进的机会，而不是作为对团队成员进行人身攻击的机会。

3. 下一步该尝试什么

想出3件待尝试的事情，可以是你以前讨论过的某件事，也
可以是全新的事情。这让你有机会尝试一种新的工作方式，
而不是简单地只盯着需要改进的地方。

提示

*还有很多其他的复盘方法可选，
例如"快艇试验""开始—停
止—保持"和"保持—删除—
增加"。*

*我们建议你尝试一些不同的复盘
方法，看看什么最适合你。*

公司内部团队

公司内部团队的核心成员

对公司内部团队来说，重要的是搞清楚哪些事是你可以控制的，哪些事已经超出了你在组织内部的影响范围。

在复盘工作完成后，指定一名团队成员就外部问题与上级沟通，以获得帮助。

如果你不能解决这些问题，就试着寻找创造性的方法来减轻它们对团队的影响。

初创团队

初创团队的核心成员

对初创团队来说，请记住，当你将改进措施落实到你的工作中时，就可以帮你建立你想在创业公司中创建的文化。

如果联合创始人表现出不断检查并改进工作方式的意愿，最终就会吸引那些希望以这种方式工作的员工。

独立创业者

对独立创业者来说，有时会有一种孤立无援的体验。不妨花点时间反思一下自己的工作方式，哪怕会议上只有你一个人。

如果你无法达到预期的结果，那么尝试采用新的工作方式来突破会是一个好主意。

如果你正在使用外部承包商，那么他们也可以参加，前提是你想和他们一起检查并改进你们的合作方式。

时间

60~90分钟

每月一次

参会者

利益相关者

支持性团队

核心团队

月度决策会

让利益相关者了解你是怎样决定转向、坚持或摒弃创意的。

议程

1. 你学到了什么

提供一份执行纪要，列出你在过去一个月里所学到的，包括每周学习目标和其他从试验中获得的洞察。重要的是，不必详述每个试验的分解步骤。如果需要的话，可以把详细信息放在附录中，以便参会者深入了解。

2. 是什么阻碍了进度

这时候可以回顾一下，利益相关者能协助扫除哪些障碍，包括在以前的复盘会议中已明确的落在你的影响或控制范围之外的事项。这些申请协助的事项应该被清楚地表达出来。

3. 转向/坚持/摒弃的决策

向利益相关者提出你的建议，说明你是应该转向、坚持还是摒弃新的商业创意。这不仅要基于你所学到的，而且要基于你所看到的战略发展路径。

提示

我们见过的三种主要的转向类型分别是基于客户、问题和解决方案。你可以保持客户不变，把要解决的问题转向。你可以保持要解决的问题不变，转向不同的客户。你还可以保持客户和问题都不变，转向不同的解决方案。

公司内部团队

公司内部团队的核心成员和利益相关者

对公司内部团队来说，要持续向利益相关者传达团队的学习进度。在展示团队与众不同的工作方式和取得的进展之间保持一种平衡。

如果利益相关者采取了投资委员会的形式，那么他们在会议期间就会决定是否继续投资。

初创团队

初创团队的核心成员和利益相关者

对于初创团队来说，要让投资者了解团队的进展情况，甚至体会团队的痛苦和挣扎。伟大的投资者都知道，通向成功的道路不会一帆风顺。巴拉吉·斯里尼瓦桑（Balaji Srinivasan）非常贴切地称之为"创意迷宫"。

如果投资者不能实际到场，可以选择通过电子邮件或视频的方式来沟通。

独立创业者

独立创业者和顾问

与你的顾问进行视频通话或一起喝杯咖啡，分享你所学到的和你的建议。虽然你的顾问可能并不是个投资者，但就你的战略而言，能获得一些外部意见还是很有帮助的。

要了解更多关于"创意迷宫"的内容，请访问：
spark-public.s3.amazonaws.com/startup/lecture_slides/
lecture5-market-wireframing-design.pdf

试验流转的原则

尽管运行一次试验也可以取得不错的效果，但是你的目标是减少整个业务中的不确定性，这就意味着需要持续运行多次试验。你需要让试验流转起来，为最终做出明智的投资决策不断提供证据。

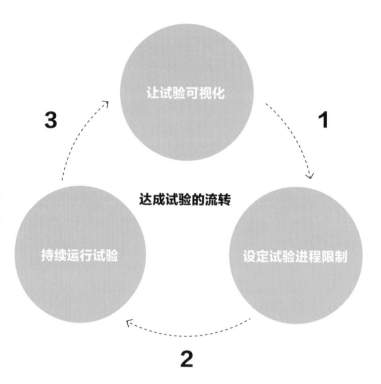

让试验可视化

让你的工作对自己和他人都清晰可见。

我们从精益和看板运动中汲取的灵感，尤其体现在这条原则之中。如果你把所有工作都装在自己的脑袋里，你就永远无法达成试验的流转，不论是因为你的队友读不懂你的创意，还是因为试验流转中的大部分过程需要把工作可视化。

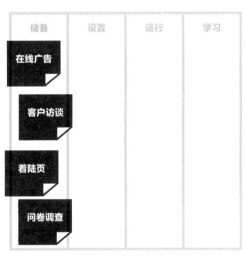

1. 写下你的试验

我们建议每张便利贴上只写一个试验，以保持看板的条理性。

你不必写下数百个试验，只需写下你认为将在未来几周内运行的试验。

2. 画一个简单的试验看板

这是试验看板最简单的形式之一。

我们使用这种形式已经有一段时间了，以前我们喜欢用"验证"（Validate）命名最后一栏，这也是埃里克·莱斯原本对这一栏的命名。随着时间的推移，我们开始重新审视这个命名问题。为避免团队给假设定一个很低的标准，然后假装得到了验证并快速推进，我们更倾向于用"学习"而不是"验证"。

3. 将你的试验添加到"储备"栏

将你的试验从上到下排序，先全部添加到第一栏（"储备"栏），其中最上面的是你接下来要运行的试验。当你开始运行每个试验时，就把它们按照所处流程平移过去，从"设置"移到"运行"，再移到"学习"。

83

设定试验进程限制

同步运行过多的试验往往会导致麻烦。

团队本来就容易低估运行试验的工作量，尤其在面对一些从未做过的试验时更是如此。所以，他们总是把所有试验安排到一起，并试图让它们齐头并进，这种情况也不足为奇。而这不仅会拖慢整个流程的进度，还会导致难以从先前的试验中提炼洞察，作为下一个试验的参考信息。

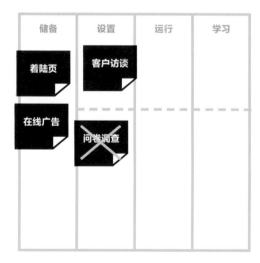

为你的试验设定进程限制

例如，对于"设置""运行"和"学习"栏，设定进程限制数量为1。这能防止团队在第一个试验被移到下一列并最终完成之前，就把第二个试验移过来。

在这个示例中，团队在问卷调查前需要完成客户访谈，而不是试图同时运行两个试验，以致拖慢整个进度。随着试验流程的推进，就能把你学到的知识变成下一个试验的参考信息。

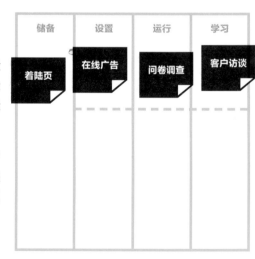

持续运行试验

随着时间的推移继续试验。

最后一条原则同样来源于精益和看板运动,这一理念就是要持续运行试验。一个团队刚开始需要借助看板来达成试验的流动,最终会超越看板的局限。你不会希望看板束缚住团队的成长,而团队会逐渐成熟起来。正如我们在"会议"一节中建议的那样(见第78页及后续内容),每两周进行一次复盘会。如果能把这种方法用在你的试验流程中,那么复盘会上可能会诞生有意思的改进工具。

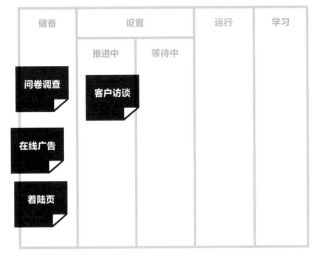

85

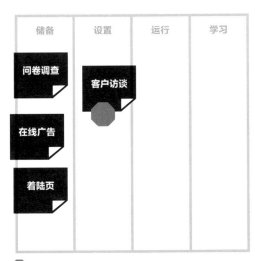

= 遇到阻碍

遇到阻碍的试验

举个例子,团队正试图安排客户访谈,但研究部门不让他们做。他们声称与客户交谈是违反公司政策的。这就是一个"阻碍",阻碍了你的团队在该试验中取得进展。

把这些阻碍识别出来并可视化是一个好主意,这将有助于你与利益相关者沟通进展,说明为什么进展延宕。当你遇到阻碍的时候,就很难保证试验流程顺畅。

分栏呈现试验进度

另一个例子是,团队已经不再满足于最初的看板,并因为"设置"栏不能反映试验进展的细微差别而感到沮丧。

虽然"设置"试验是一项单独的工作,但随后就要进入"运行"阶段。如果团队工作量已经饱和,试验可能会停滞很长时间,等待被运行。当我们就看板展开讨论时,如果能看到哪些试验已经准备好运行,哪些试验还在设置中,那就太好了。

试验中的商业道德

这本书是要帮助你确定你的商业创意是否有需求、可行、能产生足够收益，而不是要给你一个诓骗他人钱财的理由。"雾件"是一个在 20 世纪 80 年代末至 90 年代中后期流行起来的说法，用来描述那些从未面世，但也没有被真正取消过的产品。雾件产品千方百计地炒作热度，通常会许诺客户不切实际的期望。在更严重的情况下，有人甚至利用雾件产品作为诱饵来诓骗人们的真金白银。我们的目标不是重现 20 世纪 90 年代雾件盛行的环境。这一点在假新闻泛滥的时代尤其重要，因为现在技术可以被用作洗脑的武器来影响整个国家。在使用试验为你的业务降低风险时，出发点非常重要。简而言之，不要作恶。

试验纲要

沟通不畅会破坏你试图达成的试验节奏。要解决这个问题，你需要清晰地沟通试验细节和背后的原因。随着时间的推移，反复沟通这一点的团队会发现自己有点像复读机。为此，他们需要拟定试验纲要，以便更高效地与团队之外的人沟通。如在与法务、安全和合规部门合作时，这样做尤其奏效。

试验纲要示例

1. *我们的目标客户群是_____。*
2. *参与我们试验的客户总数预计为_____。*
3. *我们的试验运行时间是从_____到_____。*
4. *我们正在收集的信息是_____。*
5. *我们将在试验中使用的品牌是_____。*
6. *该试验的财务风险是_____。*
7. *我们可以通过_____方式来结束该试验。*

"只要你不写下第一个音符，就总会出
现问题。直接开始吧！"

————

赫比·汉考克（Herbie Hancock）
爵士音乐家、作曲家和演员

3.1　选择一种试验

试验的选择

通过以下三个问题来挑选合适的试验：

1. 假设类型：你要测试什么类型的假设？

根据你的主要学习目标来挑选试验。有些试验对测试需求性能产生更好的证据，有些试验对测试可行性更有效，有些试验对测试收益性更合适。

2. 不确定性程度：（对一个特定的假设而言）你已经有了多少证据？

你对情况知道得越少，你就越不应该浪费时间、精力和金钱。如果你知之甚少，那么你的唯一目标应该是产生证据，为你指出正确的方向。此时，快速、低成本的试验最适合，即便证据普遍偏弱。你知道的越多，需要的证据就应该越强，而这通常是通过更昂贵、耗时更长的试验来实现的。

3. 紧迫性：距离下一个重大决策点出现或资金耗尽，你还有多少时间？

能否选择合适的试验可能取决于你拥有的时间和资金。如果你即将与决策者或投资者开一场重要会议，那么你可能需要使用快速、低成本的试验，以便尽快产生关于创意的多方面证据。如果你的资金即将耗尽，你就需要挑选合适的试验，来说服决策者和投资者追加投资。

试验名称/概述

试验名称

试验描述

| 成本 ●●●●○ | 证据强度 ●●○○○ | 需求性·可行性·收益性 |
| 准备时间 ●●○○○ | 运行时间 ●●●○○ | 该试验适用于——在什么情况下是理想的选择 该试验不适用于——在什么情况下效果不够理想 |

能力 *设计/产品/技术/法务/财务/销售/市场营销/研究/数据*

准备/运行时间

- ●●○○○○ 1~3小时
- ●●●○○○ 1~3天
- ●●●●○○ 1~3周
- ●●●●●○ 1~3个月
- ●●●●●● 3个月以上

成本

- ●○○○○ 低于500美元
- ●●○○○ 500~1000美元
- ●●●○○ 1000~10 000美元
- ●●●●○ 10 000~20 000美元
- ●●●●● 20 000美元以上

经验法则

1.在刚起步时，选择快速、低成本的试验。

早期，你通常对情况知道的不多，应通过快速、低成本的试验来确定正确的方向。即便证据较弱，你也可以开始试验，因为你之后还会做更多的测试。在理想的情况下，即便你选择了一个快速、低成本的试验，仍然能产生强有力的证据。

2.用多种试验来测试同一假设，以提高证据的强度。

试着尽可能快地了解一个假设，然后进行更多的试验，以产生更有力的证据来证实或推翻这个假设。不要基于一次试验或弱证据做出重要决定。

3.在限制条件内，永远选择能产生最强证据的试验。

在考虑背景条件的前提下，永远选择并设计你能做的、产生的证据强度最高的试验。当不确定性很高时，你应该选择快速、低成本的试验，但这并不等于不能产生强有力的证据。

4.在构建任何东西之前，尽可能地减少不确定性。

人们常常认为，为开始测试一个创意，自己需要构建一些东西。其实恰恰相反。因为构建成本越高，你就越需要进行多次试验，以证明客户确实有你认为的工作、痛点和收益。

我们对发现和验证阶段的试验的研究，很大程度上建立在史蒂夫·布兰克的《四步创业法》和《创业者手册》打下的基础之上。我们强烈推荐这两本书作为必读书目。

○ 本书已由机械工业出版社出版。

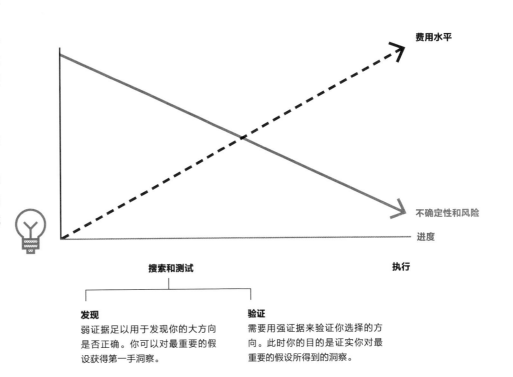

费用水平

不确定性和风险

进度

搜索和测试

执行

发现
弱证据足以用于发现你的大方向是否正确。你可以对最重要的假设获得第一手洞察。

验证
需要用强证据来验证你选择的方向。此时你的目的是证实你对最重要的假设所得到的洞察。

发现型试验

思考以下三个问题

1. **你要测试什么类型的假设？**

2. **（对一个特定的假设而言）你已经有了多少证据？**

3. **距离下一个重大决策点出现或资金耗尽，你还有多少时间？**

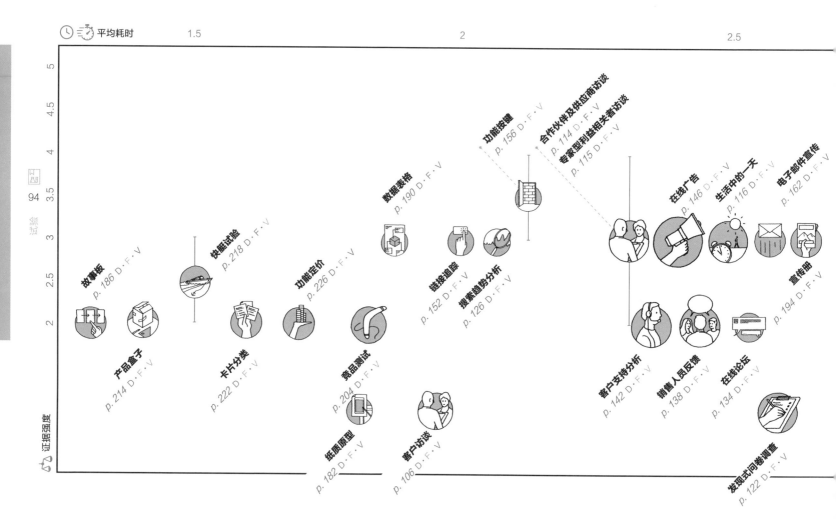

平均耗时 1.5　　　　2　　　　2.5

94 试验

证据强度

故事板 *p. 186* D · F · V

产品盒子 *p. 214* D · F · V

快瓶试验 *p. 218* D · F · V

卡片分类 *p. 222* D · F · V

功能定价 *p. 226* D · F · V

竞品测试 *p. 204* D · F · V

纸质原型 *p. 182* D · F · V

客户访谈 *p. 106* D · F · V

数据表格 *p. 190* D · F · V

链接追踪 *p. 152* D · F · V

搜索趋势分析 *p. 126* D · F · V

功能按键 *p. 156* D · F · V

合作伙伴及供应商访谈 *p. 114* D · F · V

专家型利益相关者访谈 *p. 115* D · F · V

在线广告 *p. 146* D · F · V

生活中的一天 *p. 116* D · F · V

电子邮件宣传 *p. 162* D · F · V

宣传册 *p. 194* D · F · V

客户支持分析 *p. 142* D · F · V

销售人员反馈 *p. 138* D · F · V

在线论坛 *p. 134* D · F · V

发现式问卷调查 *p. 122* D · F · V

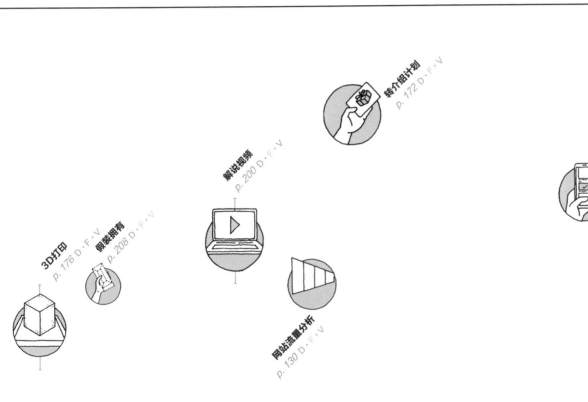

经验法则

1. 在刚起步时，选择快速、低成本的试验。

2. 用多种试验来测试同一假设，以提高证据的强度。

3. 在限制条件内，永远选择能产生最强证据的试验。

4. 在构建任何东西之前，尽可能地减少不确定性。

3

3.5

4

转介绍计划
p. 172 D · F · V

社交媒体宣传
p. 168 D · F · V

解说视频
p. 200 D · F · V

3D打印
p. 176 D · F · V

假装拥有
p. 208 D · F · V

网站流量分析
p. 130 D · F · V

验证型试验

思考以下三个问题

1. 你要测试什么类型的假设？

2. （对特定的假设而言）你已经有了多少证据？

3. 距离下一个重大决策点出现或资金耗尽，你还有多少时间？

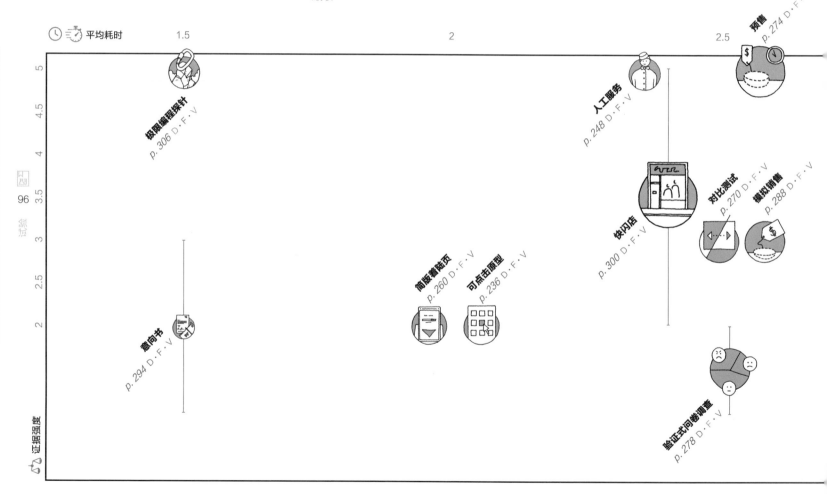

平均耗时　　　　　1.5　　　　　　　2　　　　　　　2.5

5　4.5　4　3.5　3　2.5　2

96

试验

证据强度

极限编程探针
p. 306 D · F · V

人工服务
p. 248 D · F · V

预售
p. 274 D · F · V

对比测试
p. 270 D · F · V

模拟销售
p. 288 D · F · V

快闪店
p. 300 D · F · V

简版着陆页
p. 260 D · F · V

可点击原型
p. 236 D · F · V

意向书
p. 294 D · F · V

验证式问卷调查
p. 278 D · F · V

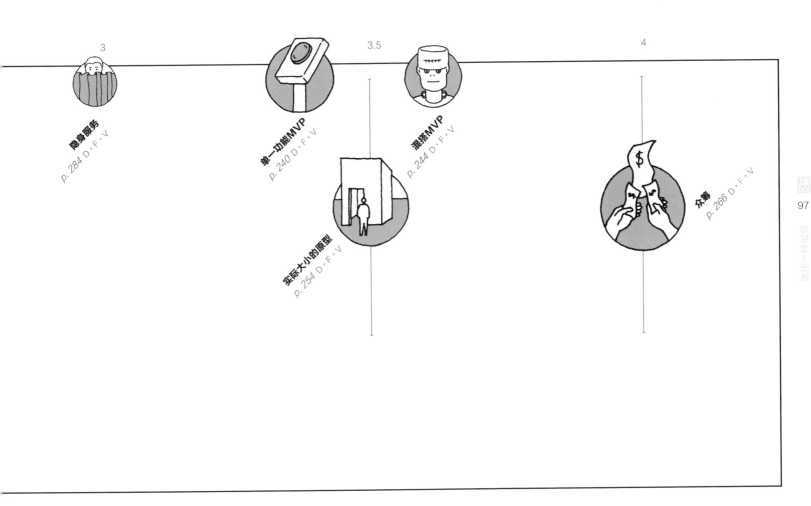

经验法则

1. 在刚起步时，选择快速、低成本的试验。

2. 用多种试验来测试同一假设，以提高证据的强度。

3. 在限制条件内，永远选择能产生最强证据的试验。

4. 在构建任何东西之前，尽可能地减少不确定性。

3

隐身服务
p. 284 D · F · V

3.5

单一功能MVP
p. 240 D · F · V

混搭MVP
p. 244 D · F · V

实际大小的原型
p. 254 D · F · V

4

众筹
p. 266 D · F · V

定义

试验顺序

不是按照搭配建议,而是按照试验顺序展开。

一旦你把洞察转化为行动,就应该把试验丢在一边继续前进了,对吗? 其实不一定。正如每个试验的搭配建议所显示的,有些试验可以在其之前、之后或与其并行搭配展开。但是如果要做一连串试验呢? 优秀的团队能够通过一系列的试验,不断获得阶段性成果并积攒更有力的证据。

B2B硬件产品的试验顺序

B2B硬件公司寻找的证据经常体现为,客户为处理某个问题已经自行修改了解决方案。它们利用这一点来完善产品设计,使工作精益求精。随后它们会进行快速测试,方法是与潜在客户一起整合标准组件,如果反响很好,它们还会进行众筹。

○ **客户访谈**
p. 106

○ **纸质原型**
p. 182

○ **3D打印**
p. 176

○ **数据表格**
p. 190

○ **混搭MVP**
p. 244

○ **意向书**
p. 294

○ **众筹**
p. 266

B2B软件产品的试验顺序

B2B软件公司在员工不得不使用低质量软件的领域寻找机会。许多公司成功颠覆行业巨头,方法很简单:观察巨头们的不足之处,然后设计出更好的体验,利用现代技术完成高价值客户的某项工作。

○ **客户访谈**
p. 106

○ **在线论坛**
p. 134

○ **竞品测试**
p. 204

○ **可点击原型**
p. 236

○ **预售**
p. 274

○ **单一功能MVP**
p. 240

B2B服务型业务的试验顺序

B2B服务型公司经常借助利益相关者访谈,来研究因为流程和服务设计不良所产生的成本。它们分析客户支持数据,了解以上成本是否体现在公司其他方面之后,它们用宣传册来传递这些改进信息,先在少数客户身上尝试性地提供服务,再把服务规模化。

○ **专家型利益相关者访谈**
p. 115

○ **客户支持分析**
p. 142

○ **宣传册**
p. 194

○ **预售**
p. 274

○ **人工服务**
p. 248

B2C硬件产品的试验顺序	**B2C软件产品的试验顺序**	**B2C服务型业务的试验顺序**	**B2B2C与B2C的试验顺序**	**受高度监管的公司的试验顺序**

B2C硬件产品的试验顺序

相比之前，面向大众消费者的硬件公司现在有更多的选择。它们可以制作解说视频，说明新产品将如何解决现有的问题，然后快速构建符合使用标准的硬件组件。它们最终可以对产品进行众筹，通过零售商或直营的方式销售给客户。

B2C软件产品的试验顺序

互联网、开源软件和工具的兴起，帮助新型软件公司加速走向全球市场。聪明的B2C公司会使用客户的评价作为宣传内容，来提高转化率。在构建产品之前，它们快速地对体验构建原型，甚至用人工交付的方式来实现价值。

B2C服务型业务的试验顺序

B2C服务型公司从特定地区开始，通过访谈客户和追踪搜索量来确定兴趣。它们可以迅速推出广告，吸引地区客户到他们的登录页面，然后用电子邮件跟进。一旦接到一些预售订单，B2C服务型公司可以先用人工方式交付以完善服务，再将服务规模化。

B2B2C与B2C的试验顺序

在利用试验来影响供应链方面，B2B2C公司有独特的优势。我们共事过的许多公司会直接和客户一起试验，再用产生的证据与B2B合作伙伴进行洽谈。证据的呈现有助于增强影响力，结束基于各自观点的无休止的讨论。

受高度监管的公司的试验顺序

与普遍看法相反，受高度监管的公司也可以使用试验，但是需要在系统的约束下开展试验，并意识到不是所有的测试活动都有灾难性的风险。公司需要明确划定不希望做试验的极高风险领域，并开拓可以做试验的领域。

第1列

○ **客户访谈**
p. 106

○ **搜索趋势分析**
p. 126

○ **纸质原型**
p. 182

○ **3D打印**
p. 176

○ **解说视频**
p. 200

○ **众筹**
p. 266

○ **快闪店**
p. 300

第2列

○ **客户访谈**
p. 106

○ **在线广告**
p. 146

○ **简版着陆页**
p. 260

○ **电子邮件宣传**
p. 162

○ **可点击原型**
p. 236

○ **模拟销售**
p. 288

○ **隐身服务**
p. 284

第3列

○ **客户访谈**
p. 106

○ **搜索趋势分析**
p. 126

○ **在线广告**
p. 146

○ **简版着陆页**
p. 260

○ **电子邮件宣传**
p. 162

○ **预售**
p. 274

○ **人工服务**
p. 248

第4列

○ **客户访谈**
p. 106

○ **在线广告**
p. 146

○ **简版着陆页**
p. 260

○ **解说视频**
p. 200

○ **预售**
p. 274

○ **人工服务**
p. 248

○ **功能定价**
p. 226

○ **数据表格**
p. 190

○ **合作伙伴及供应商访谈**
p. 114

○ **意向书**
p. 294

○ **快闪店**
p. 300

第5列

○ **生活中的一天**
p. 116

○ **验证式问卷调查**
p. 278

○ **客户支持分析**
p. 142

○ **销售人员反馈**
p. 138

○ **故事板**
p. 186

○ **解说视频**
p. 200

○ **宣传册**
p. 194

○ **合作伙伴及供应商访谈**
p. 114

○ **数据表格**
p. 190

○ **预售**
p. 274

第1列底部：
○ **快闪店**
p. 300

"透彻了解客户是至关重要的任务，
而这需要时间。"

————

萨莉·克劳切克（Sallie Krawcheck）

Ellevest公司创始人

3.2　发现

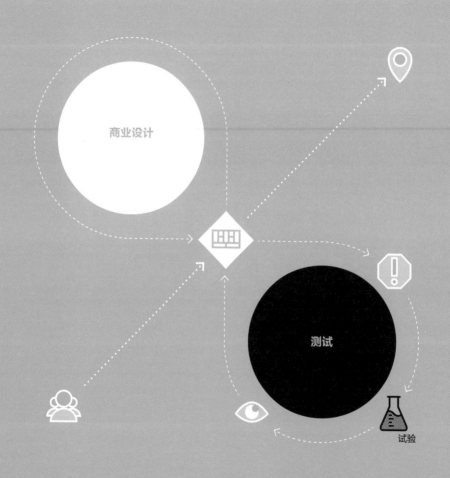

创意

业务

搜索和测试	执行

发现
发现你的大方向是否正确。测试基本假设。获得第一手洞察，以迅速校正方向。

验证
验证你所选择的方向。用强有力的证据证明你的商业创意很有可能成功。

本书中的发现和验证阶段以史蒂夫·布兰克的开创性作品《四步创业法》为基础建立。史蒂夫和鲍勃·多夫在《创业者手册》中对这些阶段进行了详细阐述。这两本书都是必读书，是现代创业思维发展的里程碑。

发现型试验

试验类型	试验名称
探索	客户访谈 *p. 106*
	合作伙伴及供应商访谈 *p. 114*
	专家型利益相关者访谈 *p. 115*
	生活中的一天 *p. 116*
	发现式问卷调查 *p. 122*
数据分析	搜索趋势分析 *p. 126*
	网站流量分析 *p. 130*
	在线论坛 *p. 134*
	销售人员反馈 *p. 138*
	客户支持分析 *p. 142*
发现兴趣	在线广告 *p. 146*
	链接追踪 *p. 152*
	功能按键 *p. 156*
	404测试 *p. 160*
	电子邮件宣传 *p. 162*
	社交媒体宣传 *p. 168*
	转介绍计划 *p. 172*
讨论原型	3D打印 *p. 176*
	纸质原型 *p. 182*
	故事板 *p. 186*
	数据表格 *p. 190*
	宣传册 *p. 194*
	解说视频 *p. 200*
	竞品测试 *p. 204*
	假装拥有 *p. 208*
偏好和优先次序	产品盒子 *p. 214*
	快艇试验 *p. 218*
	卡片分类 *p. 222*
	功能定价 *p. 226*

⬭ 成本	🕐 准备时间	⏱ 运行时间	⚖ 证据强度	主题
●●○○○	●●○○○	●●○○○	●○○○○	需求性·可行性·收益性
●●○○○	●●○○○	●●●○○	●●●○○	需求性·可行性·收益性
●●○○○	●●○○○	●●●○○	●●○○○	需求性·可行性·收益性
●●○○○	●●○○○	●●●○○	●●●○○	需求性·可行性·收益性
●●○○○	●●○○○	●●●○○	●○○○○	需求性·可行性·收益性
●○○○○	●●○○○	●●●○○	●●●○○	需求性·可行性·收益性
●●○○○	●●○○○	●●●○○	●○○○○	需求性·可行性·收益性
●○○○○	●●○○○	●●●○○	●●○○○	需求性·可行性·收益性
●○○○○	●●○○○	●●●○○	●●○○○	需求性·可行性·收益性
●●○○○	●●○○○	●●●○○	●●○○○	需求性·可行性·收益性
●●●○○	●●○○○	●●●○○	●●●○○	需求性·可行性·收益性
●○○○○	●○○○○	●●●○○	●●●○○	需求性·可行性·收益性
●○○○○	●●○○○	●●○○○	●●●○○	需求性·可行性·收益性
●○○○○	●○○○○	●○○○○	●●●○○	需求性·可行性·收益性
●○○○○	●●○○○	●●●○○	●●●○○	需求性·可行性·收益性
●●○○○	●●●○○	●●●●●	●●●○○	需求性·可行性·收益性
●●●○○	●●○○○	●●●●●	●●●●○	需求性·可行性·收益性
●●●○○	●●●○○	●●●○○	●●○○○	需求性·可行性·收益性
●○○○○	●●●○○	●●○○○	●○○○○	需求性·可行性·收益性
●●○○○	●●○○○	●○○○○	●●○○○	需求性·可行性·收益性
●○○○○	●●○○○	●●○○○	●●●○○	需求性·可行性·收益性
●○○○○	●●●○○	●●○○○	●●●○○	需求性·可行性·收益性
●●●○○	●●●○○	●●●●○	●●●○○	需求性·可行性·收益性
●●○○○	●●○○○	●●○○○	●●○○○	需求性·可行性·收益性
●○○○○	●●○○○	●●●●○	●●○○○	需求性·可行性·收益性
●●○○○	●●○○○	●○○○○	●●○○○	需求性·可行性·收益性
●●○○○	●●○○○	●○○○○	●●○○○	需求性·可行性·收益性
●●○○○	●●○○○	●○○○○	●●○○○	需求性·可行性·收益性
●●○○○	●●○○○	●○○○○	●●○○○	需求性·可行性·收益性

发现/探索

客户访谈

一种专注于探索客户的工作、痛点、收益和支付意愿的访谈。

 ●● ○○○○
成本

⚖ ●○○○○○
证据强度

 ●●○○○
准备时间

⏱ ●●○○○
运行时间

能力 *研究*

▦ ✉ ◔
需求性 · 可行性 · 收益性

针对价值主张和客户细分之间的契合度，客户访谈是一种理想的获得定性洞察的方法。它也是价格测试的一个很好的起点。

客户访谈中的说辞并不能理想化地等同于人们真实的行为。

准备

☐ 撰写一份访谈脚本，以了解以下内容：

- 客户的工作、痛点和收益。
- 客户的支付意愿。
- 客户未被满足的需求。

☐ 寻找访谈对象。

☐ 选定一个用于分析的时间段。

执行

☐ 访谈者根据脚本提问，并在需要时深入了解。

☐ 记录员准确记录访谈对象的回答用语和肢体语言。

☐ 重复进行15~20次访谈。

分析

☐ 趁着还有印象，做15分钟的总结。

☐ 对记录要点进行亲和图分析。

☐ 进行排名分析。

☐ 更新你的价值主张画布。

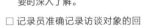

客户访谈

◉ ●●○○○○

成本

成本相对较低，因为客户可能都不需要报酬。一般来说，比起预先安排的当面访谈，以视频进行远程访谈的成本更低。B2B访谈通常比B2C访谈成本更高，因为样本量更小，而且可能可自由支配的时间也更少。

 ●●○○○○

准备时间

客户访谈的准备时间可能会很短，也可能需要几周，这取决于你的客户在哪里，以及如何联系到客户。你需要创建一个脚本，找到你的客户，并安排访谈。

 ●●○○○○

运行时间

客户访谈的运行时间相对较短：每次只需要15～30分钟。你需要在两次访谈之间留出15分钟的缓冲时间，以复盘你的发现，并对脚本进行必要的修改。

⚖ ●○○○○

证据强度

客户的工作
客户的痛点
客户的收益

对于前三名客户的工作、痛点和收益，要保证平均排名准确率不低于80%。你要想真正了解你的客户群，就把标准定得高一些。

●○○○○

客户反馈

原本不在你的客户画像中，但由访谈对象提供的客户的工作、痛点和收益。

●○○○○

访谈转介绍

转介绍是额外的收获。转介绍的出现是个好兆头，而且这将为你节省寻找访谈对象的成本。

客户访谈提供的证据相对较弱：人们说了但不一定会做。然而，客户访谈有利于定性洞察，能为你提供价值主张，客户的工作、痛点和收益，以及未来测试方面的参考。

能力

研究

虽然客户访谈看似困难，但其实几乎任何人都可以通过练习来完成访谈。如果你有做研究工作的背景，那么会有一定的帮助，但这并非必要条件。你需要撰写访谈脚本，寻找候选人，展开访谈，并对结果进行总结。有个合作伙伴的话做起来会容易得多——否则要自己记录下访谈的过程，然后再复盘一遍。

必要条件

目标客户

当你专注于较窄的目标客户群时，客户访谈的效果最好。如果脑海中没有一个目标客户群，你最终会得到非常混杂的结果和相互矛盾的反馈。你需要花更长的时间访谈所有人，然后回溯到某个细分客户群。因此，我们建议你在进行任何客户访谈之前，先聚焦于某个细分客户群。

生活中的一天

p. 116

根据在客户访谈中所了解到的情况，观察并印证客户的行为是否与访谈中描述的相符。

在线论坛

p. 134

从在线论坛上寻找证据，证明客户在寻求问题的解决方案。

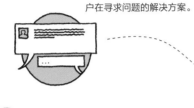

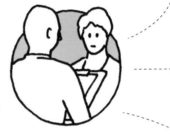

销售人员反馈

p. 138

通过销售人员的反馈来发现客户的行为模式。

客户访谈

发现式问卷调查

p. 122

根据在客户访谈中了解到的情况展开问卷调查，以不断优化你的问卷设计。

搜索趋势分析

p. 126

围绕特定的工作、痛点或收益，在网上查询搜索量。

纸质原型

p. 182

针对客户的工作、痛点和收益，在纸上勾勒出解决方案可能的样子。

客户访谈

探索

109

撰写脚本

脚本是有效进行客户访谈的一个关键部分，没有脚本的访谈往往会变成漫无目的的对话，很少能从中提取出值得学习的内容。而你需要为你的创意降低风险。我们建议你先创建价值主张画布，并找出客户的工作、痛点和收益各自的前三名，再撰写脚本。

脚本示例

1. 介绍和背景

"你好，我是[姓名]，正在对[创意]进行调查。"

"别有压力，你不必购买。"

"我不会向你推销任何东西。"

2. 让访谈对象讲一个故事

"你上次经历[痛点或工作]是什么时候？"

"是什么促使你去[行动]的？"

"你是如何解决问题的？"

"如果没有解决，为什么？"

3. 对客户的工作、痛点和收益进行排名

列出客户的工作、痛点和收益各自的前三名。

访谈对象根据个人经验对其进行排名。

"你还期望这份清单上有哪些内容？"

4. 感谢与收尾

"我还有什么问题没有问到吗？"

"你能把我介绍给其他人吗？"

"我们以后还可以联系你吗？"

"谢谢！"

寻找访谈对象

B2C领域

我们建议为你的B2C细分市场创建一个价值主张画布，然后进行头脑风暴，想想在线上和线下哪里能找到他们。最后，团队投票决定重点要寻找的领域。

B2B领域

上述做法同样适用于B2B领域，但是相比较而言，B2B领域可能更难通过头脑风暴得出去哪里找到访谈对象。幸运的是，在以下一些线上和线下地点，通常能够较容易地找到B2B访谈对象。

审查访谈对象资格

对访谈对象进行审查并能不保证万无一失，但总体上可以筛选出不符合访谈条件的人，为你节省时间。虽然这样做也总会漏掉一两个不太理想的候选人，但仍然比完全是不符合条件的人要好。有种方法是在预约访谈之前进行一个简单的筛选问卷调查，审查访谈对象是否符合条件。

在Craigslist上进行筛选

Craigslist是一个广受欢迎的网站，用于发布商品交易信息，它还是一个寻找访谈对象的宝地。只需点击进入Craigslist的社区→志愿者，发布你的调查请求，并在描述中附上调查链接，便于那些有兴趣的人参与。调查问卷中应该包括筛选是否符合条件的问题。

例如，如果你正在寻找拥有自行车的人，就可以问："你拥有多少辆自行车，0、1、2或3以上？"

如果有人回答"0"，你就不用花时间访谈这些没有自行车的人了。如果有人回答3以上，那么他们也可能不是理想的候选人，因为他们拥有的自行车太多了。像这样简单的筛选问题将为你和你的访谈对象节省大量时间。

当面筛选

线下筛选与线上筛选非常相似，只不过是在开始访谈之前当面问筛选问题。如果候选人不符合条件，就感谢他们为此付出时间，然后继续下一个访谈。

角色和责任

无论你的客户访谈是线上的还是线下的，如果可能的话，我们建议你不要独自一人负责整个访谈。一个人要做到提出问题、积极倾听、注意肢体语言和反应，然后提出下个问题，这是非常困难和耗时的。即使被允许录制访谈，那也要花费两倍的时间，因为你需要再次观看和倾听。因此，我们建议以两人一组的方式进行访谈。

记录员

- 做笔记。
- 尽可能准确地记录原话，不要转述。
- 描述肢体语言。

访谈者

- 根据脚本提问。
- 必要时通过询问原因来深入了解。
- 感谢并收尾。

访谈对象

- 回答问题。

111

客户访谈

15分钟的总结

每次访谈结束后，立即与你的伙伴进行15分钟的总结，快速复盘你们了解到的信息，以及是否有需要修正的地方。

总结主题

- 这次访谈有什么进展？
- 我们从肢体语言中学到了什么？
- 我们是否在哪些方面误导了访谈对象？
- 脚本上有什么需要我们迅速修改的吗？

汇总反馈

除了15分钟的总结之外，团队还应该综合分析和考虑你们所做的笔记，更新价值主张画布，为制定战略提供参考。有一种方法能快速对大量定性反馈进行分类分析，即亲和图分类。

亲和图分类

整个团队留出30～60分钟，并带上笔记。

- 如果是线下面谈，请确保有足够的墙面空间。
- 在每张便利贴上写一句客户的原话。
- 在每张便利贴上写一条洞察。
- 将访谈对象的姓名或姓名缩写写在便利贴的底部。
- 将所有的便利、粘贴在墙上。
- 按照相近的主题将它们分类。

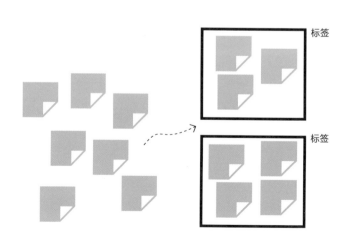

标签

标签

排名分析

排名并不是一门完美的科学，但它可以直观地反映客户画像与真实情况有多接近。让访谈对象排名本身就有不可避免的缺陷——你不知道访谈对象之间感受到工作、痛点或收益的相对程度是怎样的。因此，询问后续问题并从肢体语言中寻找佐证，就成了十分重要的补充手段。

如果你访谈了10个符合你的客户画像的客户，那么理想情况下，你希望客户画像中对客户的工作、痛点和收益排名的准确率不低于80%。这意味着10人中有8人将工作1排在第一位，工作2排在第二位，工作3排在第三位，依次类推。

更新你的画布

在汇总了定性反馈，并分析了第一批客户访谈的排名之后，回到你的价值主张画布，并进行必要的修改。你的测试要为战略制定提供参考，这很重要。

✔ 正确做法

- □ 录制前要征得同意。
- □ 审查候选人的资格，以免浪费彼此的时间。
- □ 采用初学者的思维方式。
- □ 多听少说。
- □ 获取事实，而不是观点。
- □ 问"为什么"以了解真正的动机。
- □ 征求对方同意，以便跟进。
- □ 请求转介绍访谈对象。
- □ 询问是否有什么问题你没有问到。

✕ 错误做法

- 说得多，听得少。
- 推销解决方案。
- 想着下一个问题，而不是积极倾听。
- 在访谈对象发言时，点头或摇头来表示意见。
- 只问封闭式的问题。
- 访谈安排紧凑，中间没有时间做总结。
- 忘记根据你的发现来更新价值主张画布。

发现/探索

合作伙伴及供应商 访谈

合作伙伴及供应商访谈与客户访谈类似，但关注的是业务运营的可行性。你需要寻找和访谈重要合作伙伴，以就你不能或不想在企业内部做的关键业务和缺失的核心资源提供信息补充。

需求性·**可行性**·收益性

成本

准备时间

运行时间

证据强度

#基于重要合作伙伴的标书

响应率=应标的数量÷访谈数量。

重要合作伙伴的应标是他们感兴趣的有力证据，尽管还有许多细节需要在正式签署合同之前进一步确认。

重要合作伙伴的反馈

重要合作伙伴的原话和在访谈中的反馈。

当重要合作伙伴声明他们能提供什么时，只要能得到证实就是相对较强的证据。

发现/探索

专家型利益相关者 访谈

专家型利益相关者访谈与客户访谈相似，但更聚焦于获得企业内部关键人物的"支持"。

需求性 · 可行性 · 收益性

证据强度

专家型利益相关者的反馈

专家型利益相关者的原话和在访谈中的反馈。

当利益相关者声明他们希望从战略上看到的举措时，这是中等强度的证据。只有当他们用行动来支持时，这样的证据才是更强的。

 ●● ○○○
成本

 ●●● ○○○
准备时间

 ●●● ○○
运行时间

发现/探索

生活中的一天

一种定性研究方法，通过观察和研究客户的生活方式和生活环境，来更好地
了解客户的工作、痛点和收益。

🪙 ●●○○○	⚖ ●●●○○
成本	证据强度
🕐 ●●○○○	⏱ ●●●○○
准备时间	运行时间

🛠 ▣ ⁙ ⚒ 🗄 🏷 📢 🔍 📊

能力 *研究*

🎛 ✉ ◔

需求性 · 可行性 · 收益性

生活中的一天是成本相对较低的试验。如果你决定与客户一起工作或
观察他们一整天，你可能需要支付给其报酬。

生活中的一天

117

1. 准备

☐ 以2~3人为一个团队，确定你们计划在哪里以及如何观察。清空你的日程表，以便你能投入几个小时。确定如何做笔记，并制定基本规则，以免误导参与者。

2. 许可

☐ 获得客户的同意。解释这一请求背后的"原因"。

3. 观察

☐ 使用"生活中的一天"工作表，记录客户的时间、活动、工作、痛点、收益，并记下你的思考。观察时不要展开访谈或与参与者互动。

4. 分析

☐ 试验结束后，与你的团队一起开会整理笔记。更新价值主张画布，以反映最新的研究结果，为今后的试验提供参考。

成本

"生活中的一天"试验成本相对较低。如果你决定与客户一起工作或观察他们一整天，你可能需要支付给其报酬。

准备时间

"生活中的一天"试验的准备时间相对较短。你需要阐明背后"原因"，并获得客户的同意。

运行时间

"生活中的一天"试验的运行时间比其他方法要长一些，因为你需要每天花几个小时来观察客户的行为。这一过程可能要延续数天或数周，取决于参与者的数量。

118

证据强度

●○○○○

客户的工作
客户的痛点
客户的收益

基于全天观察到的客户的工作、痛点和收益所做的笔记和客户的活动。

从"生活中的一天"试验中得出的分组和排名结果是弱证据，不过，因为是在真实情况中观察到的行为，其证据强度比实验室环境下要高。

●○○○○

客户原话

注意客户不限于工作、痛点和收益的原话。

客户原话的证据强度相对较弱，但有助于理解背景信息，为后续试验获得定性洞察。

能力

研究

几乎任何人都可以使用"生活中的一天"试验。如果你有研究能力，它会帮助你正确地收集和记录数据。建议你在试验的时候有一个伙伴，以便对照笔记内容。

必要条件

得到同意

理想情况下，运行"生活中的一天"试验需要得到客户的同意。它还要求你与观察地点的管理人员和保安协调。例如，如果你打算在一家零售店闲逛并观察人们的行为模式，应该先和经理谈谈以获得许可。如果你想观察一个购买东西的人，要先征求店方的同意，否则观察的过程会很突兀，你可能会被保安赶出去。

客户支持分析

p. 142

通过客户支持数据，发现在实际
使用中要注意的问题。

网站流量分析

p. 130

将你从观察中了解到的情况与
你网站上的客户行为进行对比
分析。

在线论坛

p. 134

通过在线论坛搜索，找出未被满
足的客户需求，并观察是否已经
在现实生活中出现。

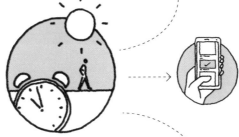

生活中的一天

社交媒体宣传

p. 168

利用社交媒体与更多人接触，
以确定他们是否有类似的行为
模式。

故事板

p. 186

利用观察来测试解决方案的顺
序，并以插图的方式呈现。

搜索趋势分析

p. 126

观察你发现的人们在网上搜索
的内容，是否已体现在日常使
用中。

生活中的一天

缩小"说"与"做"之间的距离
财捷的"跟我回家"计划

财捷为小型企业、会计师和个人提供财务、会计和报税的解决方案，如 TurboTax、QuickBooks 和 Mint.com。财捷位于硅谷的中心地带（山景城，加利福尼亚州），因致力于以客户为中心地解决问题而闻名。

您能给我们简单解释一下财捷的"跟我回家"计划吗？

"跟我回家"（Follow-Me-Home）计划属于财捷的"愉悦设计"（Design for Delight）项目，向我们的员工传授为客户打造出色产品所需的技能。愉悦设计包括三条核心原则：高度的客户同理心、大处着眼小处着手，以及在客户身上进行快速试验。"跟我回家"计划源自"愉悦设计"最强大的原则：高度的客户同理心。最有效的办法莫过于实际观察，客户会在何时、何地经历我们要解决的痛点和问题。

我们向公司的每一位员工传授"跟我回家"技术，每一位新加入财捷的员工都会在入职过程中学习这项技术。事实上，每位新员工都会在入职后的前几周进行至少两次"跟我回家"练习，无论其职能或资历如何。从新来的工程师，到经验丰富的人力资源同事，到产品经理，再到我们的最高层领导者，每个人都应该学会如何进行"跟我回家"。

它是怎么开始的？

财捷的创始人斯科特·库克（Scott Cook）受丰田公司所使用的一种类似技术启发。在创办财捷的初期，斯科特认为他或许可以用这种技术来改进产品。因此，他在开发早期产品（如Quicken和QuickBooks）时，就开始测试"跟我回家"的方法。当时，软件是通过软盘安装到实体电脑上的（听起来很不可思议），所以斯科特和我们的产品团队就询问客户，是否可以观察他们在购买软件后的安装过程。

通过观察，产品团队获得了新的洞察，客户在真实世界中实际使用软件的方式让他们感到非常惊讶。这些洞察常常带来产品的改进，因此，"跟我回家"的原则被固化下来，并与我们的员工分享。"跟我回家"技术继续与时俱进，但其精神仍然不变：针对需要研究的问题，观察客户会在怎样的情境下遇到痛点和问题。

您在这个项目中的角色是什么？

我的团队向财捷的首席产品和设计官迭戈·罗德里格斯（Diego Rodriguez）汇报。我们的任务是通过类似"愉悦设计"的项目、"创新催化教练"的专家网络，以及高影响力的培训，来培育财捷的创新文化。我们的工作是确保每一位员工都有机会学习并在日常工作中运用最有效的创新技能，例如"跟我回家"。随着世界的变化，我们还在不断改进这些技能。

我们与其他组织如人力资源部、学习与发展部以及职能部门合作，以实现这一目标，但我们团队的专长是确保财捷的创新之火生生不息。我和一个了不起的团队一起工作，全心致力于这个目标，而我的工作是与团队一起继续学习和改进。我们总是有办法变得更好。

您觉得培训员工掌握这种技术的最大挑战是什么？

像"跟我回家"这样的技术，任何人都可以学会，但就像任何新技能一样，需要持续练习才能完全掌握。在学习的早期阶段，人们往往会误解"跟我回家"的操作细节，而这需要时间来养成最佳实践习惯。

例如，做好"跟我回家"，一个极为重要的方面是专注于观察，而不是传统的访谈，即说话。我们教人们，首先关注在真实情况下客户实际做了什么，用了怎样的工具，而不是刻意编排一个模拟情景，也别急着提问。只有等观察结束，你才应该提出访谈式的问题，当你提问时，要聚焦在你观察到的行为背后的"原因"上，而不是基于猜测或主观判断。当人们第一次学习如何开展"跟我回家"时，他们通常会问太多的问题，以致无法专注于只观察与问题相关的行为。这只是反面事例之一。

我们也知道，不是每个人都愿意"走出大楼"，与完全陌生的人交谈。最初几次尝试"跟我回家"确实需要一点勇气，所以，让人们克服最初的不情愿是我们的工作重心，同时我们也会鼓励他们经常练习。好消息是，绝大多数人告诉我们，"跟我回家"重塑了他们，而且他们开始经常自发做"跟我回家"。他们最终爱上了这项技术。

您如何看待这样的项目在未来的发展？

多年来，我们不断改进"跟我回家"的技术，而且随着周围世界的发展，我们还会继续改进。例如，随着财捷在世界各地的客户越来越多，我们对"跟我回家"进行了调整，支持用视频摄像头和屏幕共享技术来远程实现。我们还调整了具体措施，以确保我们尊重当地的文化和传统。随着全球化进一步发展，技术也在变化，我们将继续改进。然而，核心精神是不变的。让我们拭目以待吧！

您对那些想在自己的组织中尝试这项技术的读者有什么建议？

简单地说，干就对了。从小处着手，先在几个项目上亲自尝试，这样你就可以了解到在你的组织背景下哪些是有效的，哪些是无效的。然后，在你所了解到的基础上，扩展成一个正式的项目，哪怕只是继续自己使用这项技术。你可能就会成为组织中最高效的人。

读过这本书的人都熟悉创新的最佳实践，所以我只是建议你把这些最佳实践应用到你未来的"跟我回家"计划中，把它当作一个"新产品"来看待。切记，"跟我回家"只是成为一个有效创新者所需的众多技巧之一，它不会让你一步登天。你很可能需要开发支持性项目，并建立一种开放、拥抱这类技术的文化。好消息是，"跟我回家"和相关的技巧执行起来非常快，很灵活，而且成本比发布一个失败的产品要低得多。快试试看吧。

——贝内特·布兰克（Bennett Blank）
创新领导者，财捷

发现/探索

发现式问卷调查

一种使用开放式问卷从客户样本中收集信息的调查办法。

成本	证据强度
◖ ●●○○○○	△ ●○○○○○
准备时间	运行时间
◷ ●●○○○○	⏱ ●●●○○

能力 产品/市场营销/研究

需求性 · 可行性 · 收益性

发现式问卷调查适用于发掘你的价值主张，以及客户的工作、痛点和收益。

发现式问卷调查不适用于确定人们会做什么，只适用于确定他们说他们会做什么。

调查问题示例

- 你上次遇到[场景描述]是什么时候？
- 你能解释发生了什么，以及它对你有什么影响吗？
- 你还探索了哪些其他选择？为什么？
- 如果你能挥动魔杖改变过去，你希望什么事能发生？
- 你还希望我们问你什么问题？

准备

☐ 明确你的调查目标和你想了解的内容。

☐ 确定本次调查的目标受众。

☐ 假设有10%~20%的回复率，计算出应该发放多少份问卷。

☐ 设置调查的开始和结束日期。

☐ 制作调查问卷。

执行

☐ 将你的调查问卷发给客户。

分析

☐ 使用亲和图分类把答案归至相应的主题下。在分类前不要贴标签，让标签从分类结果中自行浮现。

☐ 使用词云或文本分析器，快速将客户最常用的词汇和短语可视化。

☐ 与你的团队一起回顾这些主题和客户的原话，并用圆点投票法选出1~3个主题，在接下来的试验中更详细地探讨。

☐ 根据你的发现，更新你的价值主张画布。

成本

发现式问卷调查的成本并不高，而且你可以用几种免费和低成本的服务来向客户发放问卷。大部分的成本用于接触目标受众。如果你的目标受众是专业人士或在B2B领域，成本就会变得更高。因为你的样本量会变小，你可能要花一些时间和费用才能接触到目标受众。

准备时间

发现式问卷调查不需要很长时间来准备和设定。许多问题是开放式的。应该只需要几个小时，最多不超过一天的时间来准备。

运行时间

发现式问卷调查的运行时间很大程度上取决于你的目标受众的多少和接触他们的难易程度。一般情况下只需几天就能完成，但如果你没有得到足够的结果，可能需要更长时间。

证据强度

文本形式不限的答复
洞察

在对调查问题的答复中寻找重复出现的模式。在看过5份来自相近目标受众的调查问卷后，你就应该开始看到以不同形式表述的同样的内容了。

调查结束后愿意接受后续联系的人
有效的电子邮件

在理想情况下，有一小部分人，大约10%，愿意在调查结束后接受后续联系。

能力

产品/市场营销/研究

进行发现式问卷调查需要你有能力编写没有负面语气的开放式调查问题，能够识别受众，并通过亲和图分类或使用词云来解读结果，以找到问卷反馈中的模式。

必要条件

定性来源材料

当你已经从其他方法中获得了定性洞察，但还不具规模时，问卷调查通常会更有效。但前提是，要以这些材料为参考来设计调查问卷。

接触受众

找到合适的受众与调查问卷设计同样重要。如果你有一个现成的网站，流量很大，那么你可以利用它来接触你的受众。如果你没有这样的条件，或者是要开发一个新市场，那么在设计问卷之前，要通过头脑风暴找出可使用的各种渠道。

发现

试验

客户访谈

p. 106

以客户访谈记录为参考，设计你的发现式调查问卷。

纸质原型

p. 182

联系那些对你的价值主张感兴趣的人，和他们一起测试你的低保真度解决方案。

快艇试验

p. 218

在较小的规模下，找出帮助人们取得进展的因素或阻碍他们的因素，为大规模调查问卷的设计提供参考。

发现式问卷调查

可点击原型

p. 236

联系那些对你的价值主张感兴趣的人，和他们一起测试一个可点击原型。

社交媒体宣传

p. 168

使用社交媒体为你的发现式问卷调查找到受众。

搜索趋势分析

p. 126

分析人们列出的工作、痛点和收益，确定这些是不是网上流行的搜索趋势。

125

发现式问卷调查

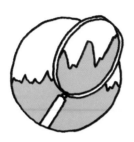

发现

筛选

搜索趋势分析

通过分析搜索数据，来调查网上搜索者、搜索引擎或内容之间在搜索过程中
的特定互动关系。

⬭ ●○○○○	⚖ ●●●○○
成本	证据强度

🕐 ●●○○○	⏱ ●●○○○
准备时间	运行时间

🔆 ⬡ ⬢ ⚒ 🗄 🏷 📢 🔍 📊

能力　市场营销/研究/数据

▦ ✉ ◕

需求性 · 可行性 · 收益性

*搜索趋势分析是你进行所在市场研究的理想选择，在较新趋势的研究
方面尤为如此，它不依赖于第三方的市场研究数据。*

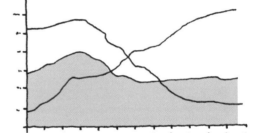

准备

☐ 确定要使用的工具（谷歌趋势（Google Trends）、谷歌关键词规划师（Google Keyword Planner）等）。

☐ 为你的搜索确定一个地理区域。

☐ 列出你想探索的主题，例如：

• 试图为客户的工作提供解决方案的人。

• 需要帮客户解决痛点的人。

• 希望为客户创造收益的人。

• 对现有解决方案不满意的客户。

执行

☐ 搜索与你的主题相关的词语。

☐ 截图并导出你的结果。

☐ 在研究的过程中，把令你感到意外的发现记录下来。

分析

☐ 收集你的发现。

☐ 考虑聚焦于问题的规模，而非市场的规模。针对某个典型问题，什么搜索量最高？这对你来说会是一个有意义的商业机会吗？

☐ 选择搜索量排在前1～3名的热词，在接下来的试验中更详细地探索。

成本

搜索趋势分析的成本相对较低，因为市面上已经有免费和低成本的工具。谷歌趋势和谷歌关键词规划师目前都可免费使用。

准备时间

搜索趋势分析的准备时间相对较短，从几分钟到几小时不等。你只需要定义搜索的标准并选择一个工具就可以。

运行时间

搜索趋势分析的运行时间也比较短，从几小时到几天不等。这主要取决于你所探索的主题和地理区域的数量。要探索的主题和地理区域的数量越多，所需花费的时间就越长。

证据强度

●●●○○

搜索量

 # 在一定时间内，对关键词的搜索次数

搜索量因地理区域、时间和行业不同而不同。你要将你的结果与其他结果进行比较，才能对客户兴趣水平有一个总体的感受。

●●●○○

相关查询

除了你输入的关键词之外，客户还查询过哪些信息

如果操作得当，相比其他规模较小的定性研究方法，通过搜索量和相关查询分析获得的证据强度会更高。

能力

市场营销/研究/数据

几乎所有愿意学习使用在线趋势分析工具的人，都可以进行搜索趋势分析。如谷歌趋势和谷歌关键词规划师等大多数工具，都有情景化的教程帮你完成这一过程。不过，你需要有能力解读结果，所以拥有市场营销、研究和数据背景会有所帮助。

必要条件

在线客户

搜索趋势分析对发现客户的工作、痛点、收益，甚至他们为解决方案付费的意愿，都大有帮助。然而，客户必须在网上进行过搜索才能产生这类证据。如果你的目标是某个细分领域、B2B客户或主要在线下活动的客户，你就不会在搜索量上看到任何明显的结果。

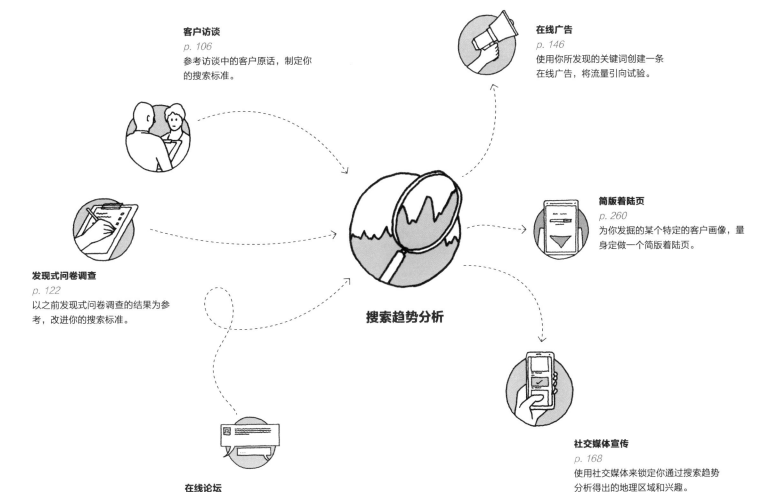

客户访谈

p. 106

参考访谈中的客户原话，制定你
的搜索标准。

发现式问卷调查

p. 122

以之前发现式问卷调查的结果为参
考，改进你的搜索标准。

在线论坛

p. 134

利用你在浏览在线论坛的过程中了解到
的信息，更好地指导你的搜索标准，确
定问题的颗粒度。

搜索趋势分析

在线广告

p. 146

使用你所发现的关键词创建一条
在线广告，将流量引向试验。

简版着陆页

p. 260

为你发掘的某个特定的客户画像，量
身定做一个简版着陆页。

社交媒体宣传

p. 168

使用社交媒体来锁定你通过搜索趋势
分析得出的地理区域和兴趣。

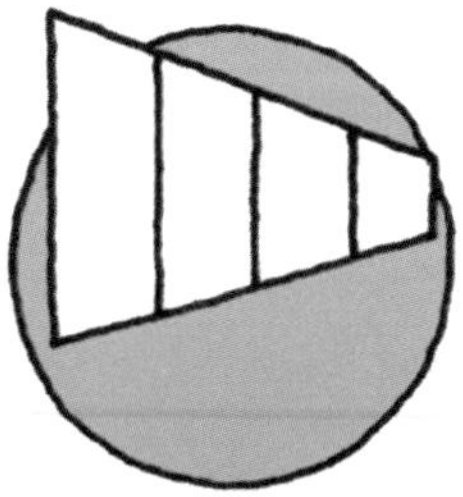

网站流量分析

通过对网站数据进行收集、报告和分析，来寻找客户的行为模式。

成本	●●○○○	证据强度	●●●●○
准备时间	●●○○○	运行时间	●●●○○

能力 技术/数据

需求性 · 可行性 · 收益性

通过对网站数据进行收集、报告和分析，来寻找客户的行为模式。

准备

☐ 确定你的聚焦区域，以及它适用于哪些客户事件：

- 增加注册人数。

- 增加下载量。

- 增加购买量。

☐ 确定促使该事件发生的前置步骤。

☐ 选择一个要分析的时间段。

执行

☐ 使用网络分析软件，在已定义的路径上运行你的分析。

☐ 记录每个流失点和流失量占比。

分析

☐ 在试验流转的过程中，最大的流失点是什么？

☐ 你可以进行哪些试验来改善这一数据？

成本

网站流量分析的成本相对较低，尤其是如果你使用谷歌分析（Google Analytics）等免费工具。如果你需要更深入的、事件级别的追踪，并且愿意为使用工具付费，那么在成本上会有很大差异。有些工具开始时非常便宜，但随着客户流量的增加，使用成本也会随之上升。如果采用热图分析人们如何使用页面，也有低成本的选择。

准备时间

网站流量分析的准备时间相对较短，从几小时到几天不等。你需要将工具整合到你的网站上，并登录后台查看数据。根据所使用的工具，可能需要一天或更长时间才会呈现出数据。

运行时间

遗憾的是，网站流量分析的运行时间相当长，通常为数周至数月。这在很大程度上取决于你所拥有的流量，但更重要的是，你不会愿意基于寥寥几天的数据，就做出高风险的重大决策。

证据强度

● ○ ○ ○ ○

 # 互动次数

在一定的时间内，某个特定的客户与你的网站互动的次数。通常以30分钟为统计区间。

● ● ○ ○ ○

 # 流失率

当客户从你定义的浏览过程中离开时，就是发生了流失现象。你要分析每一步中客户的流失率，以及他们是否彻底离开了网站。

你的网站拥有多少客户，以及他们在哪一步流失是相对有力的证据，因为这是在衡量他们做什么。然而，除非你去询问客户，否则无法知道他们离开的原因。

● ● ● ● ○

注意力的程度

注意力可以体现在多种不同的客户行为上，通常包括在页面上花费的时间和他们点击的位置。用户并不总是点击按钮和链接，所以热图数据可以给你带来惊人的洞察，让你了解你的网站是如何获得或失去注意力的。

注意力也是相对有力的证据，然而，就像驻留和流失一样，它只告诉你"现象"，而不是"原因"。

能力

技术/数据

网站流量分析的学习曲线可以快速地爬升，尤其是当你熟悉了客户行为的基本知识以后。我们建议，要拥有整合分析软件的技术能力和有助于分析结果的数据敏感度。例如，热图数据将显示人们点击的位置，但你要按来源对数据进行切分，看看由在线广告吸引来的人与由电子邮件宣传吸引来的人相比，两者点击情况是否不同。

必要条件

流量

网站流量分析需要一个有活跃客户的网站，否则你将无法收集到任何证据。与简版着陆页类似，我们建议使用以下方法将流量引向你的网站：

* 在线广告
* 社交媒体宣传
* 电子邮件宣传
* 口碑传播
* 在线论坛

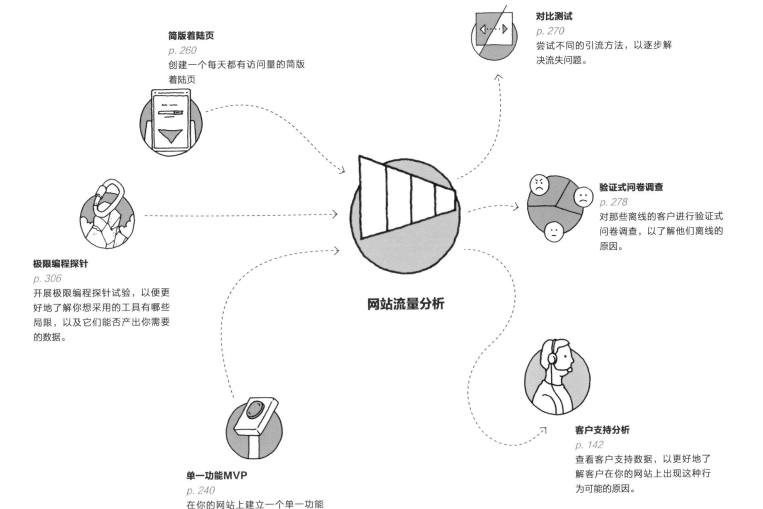

简版着陆页

p. 260

创建一个每天都有访问量的简版
着陆页

对比测试

p. 270

尝试不同的引流方法，以逐步解
决流失问题。

极限编程探针

p. 306

开展极限编程探针试验，以便更
好地了解你想采用的工具有哪些
局限，以及它们能否产出你需要
的数据。

验证式问卷调查

p. 278

对那些离线的客户进行验证式
问卷调查，以了解他们离线的
原因。

网站流量分析

单一功能MVP

p. 240

在你的网站上建立一个单一功能
MVP，以更好地了解网站的访问
过程，并让客户使用该MVP。

客户支持分析

p. 142

查看客户支持数据，以更好地了
解客户在你的网站上出现这种行
为可能的原因。

网站流量分析

数据分析

133

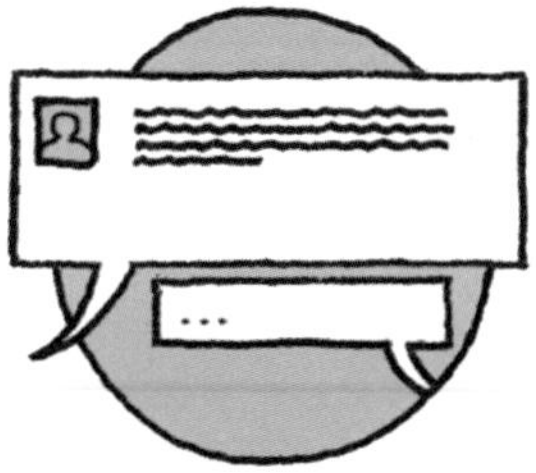

发现/数据分析

在线论坛

利用在线论坛来发现产品或服务中未解决的工作、痛点和收益问题。

💿 ●○○○○ 成本	⚖️ ●●●○○ 证据强度
🕐 ●●○○○ 准备时间	⏱️ ●●●○○ 运行时间

✂️ ⬡ ⣿ ⚒️ 🗄️ 🏷️ 📢 🔍 📊

能力 *研究/数据*

▦ ✉ ◔

需求性 · 可行性 · 收益性

*在线论坛适用于在你现有的产品/服务或竞争对手的产品/服务中寻找
未被满足的需求。*

准备

☐ 确定你要使用哪些在线论坛进行分析（内部与外部）。

☐ 确定你要回答的问题，例如是否有证据表明：

- 你没有在解决客户最重要的工作？

- 你没有在处理客户最重要的痛点？

- 你没有为客户创造收益？

- 客户正在创造他们自己的"补丁"方案来应对你的产品缺陷吗？

执行

☐ 在论坛上搜索与你的问题相关的词语。

☐ 截图并导出你的结果。

☐ 把在线论坛上讨论的紧迫感和氛围记录下来。

分析

☐ 根据你的发现，更新你的价值主张画布。

☐ 直接联系在线论坛上的发帖者，了解他们是否愿意与你进行更详细的交流。

☐ 如果愿意，就邀请他们一起进行试验，以帮助弥合差距。

在线论坛

数据分析

⬭ ●○○○○○

成本

成本相对较低，因为基本上就是通过分析在线论坛来寻找未被满足的需求。如果是你自己的在线论坛，应该能有效地降低成本，你甚至可以把分析方法内嵌在软件中。如果是分析竞争对手或其他的在线论坛，你也可以用低成本的工具进行网络抓取，或者自己手动操作。手动操作虽然会帮你节省成本，但要花费的时间更长。

 ●●○○○○

准备时间

分析在线论坛的准备时间相对较短。你需要确定你想要回答的问题，以及要分析的在线论坛。

 ●●●○○○

运行时间

分析在线论坛的运行时间也比较短。如果你决定不使用网页抓取工具，则需要更长的时间，如果可能的话，我们建议采用自动化分析以缩短运行时间。你要从客户未解决的工作、痛点和收益问题之中找到规律。

⚖ ●●●○○

证据强度

●●●○○

"补丁"的类型

寻找某种补丁模式或者破解产品的方法，好让产品满足人们的需求。这可以为改进工作提供洞察。

类似史蒂夫·布兰克的"创建一个方案来解决问题"，如果人们用自己的破解方法，搞定了产品没有完全解决的问题，这就是强有力的证据。

●●○○○

功能诉求的类型

从在线论坛上排名前三位的功能诉求中寻找规律，发现它们能处理哪些痛点，解决哪些潜在工作。

功能诉求是相对较弱的证据，因此你需要围绕功能诉求中要处理的痛点和要解决的潜在工作，运行更多的试验。

✂ ⬡ ⣿ ⟡ ▤ ✎ ◁ 🔍 ◕

能力

研究/数据

你需要能够识别在线论坛，收集数据，并对其进行分析。由此便能够了解如何抓取在线网站的数据，以及你想通过查看数据来回答什么问题。如果你有数据和研究能力，对以上工作会有所帮助。

必要条件

在线论坛数据

对于分析在线论坛数据，最重要的前提条件是分析已经存在的在线论坛，来回答你需要回答的问题。如果你觉得竞争对手的产品有未被满足的需求，那么可以去它们的客户发布话题的社区和客服讨论区。如果你有自己的在线论坛，它应该也是一个很好的数据来源。

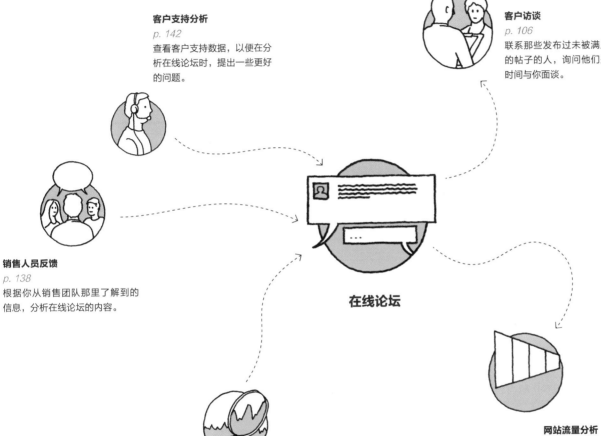

客户支持分析

p. 142

查看客户支持数据，以便在分析在线论坛时，提出一些更好的问题。

客户访谈

p. 106

联系那些发布过未被满足需求的帖子的人，询问他们是否有时间与你面谈。

销售人员反馈

p. 138

根据你从销售团队那里了解到的信息，分析在线论坛的内容。

在线论坛

搜索趋势分析

p. 126

搜索网络，看看人们对你的或竞争对手的产品的反应。

网站流量分析

p. 130

将你从在线论坛上了解到的信息，与网站上的客户行为进行印证。

发现/数据分析

销售人员反馈

利用销售人员的反馈来发现你的产品或服务中未解决的工作、痛点和收益问题。

◯ ●●◯◯◯ 成本	⚖ ●●◐◯◯ 证据强度	▦ ✉ ◔ *需求性 · 可行性 · 收益性*
🕐 ●●◯◯◯ 准备时间	⏱ ●●●◯◯ 运行时间	对于拥有销售团队的企业而言，销售人员反馈是理想的选择。

⚒ ⬚ ⠿ ⚔ ⛁ 🏷 ◁ 🔍 ◔

能力 *销售/研究/数据*

准备

☐ 确定你想让销售人员回答的问题：

- 你是否在解决客户最重要的工作？
- 你是否在处理客户最重要的痛点？
- 你是否在为客户创造收益？

☐ 如果你有一个复杂的B2B业务，那么就把你的问题按以下的角色细分：

- 决策者。
- 购买者。
- 推荐者。
- 影响者。

☐ 安排与你的销售人员会谈，以回答这些问题。

执行

☐ 与你的销售人员讨论他们对这些问题的看法。

☐ 让他们从销售电话、数据看板、电子邮件等方面提出证据来佐证他们的答案。

☐ 感谢他们抽出时间来帮助改善体验。

分析

☐ 根据你的发现，更新价值主张画布。

☐ 利用你的发现来确定试验，以提高契合度。

销售人员反馈

数据分析

成本

成本相对较低，大部分成本集中在以可行的方式从现有的销售团队中收集数据。不需要昂贵的软件或顾问，也可以分析销售人员的反馈。

准备时间

对销售人员的反馈进行分类的准备时间相对较短。你需要确定要分析的时间段，以及要在反馈中具体寻找的内容。

运行时间

一旦准备完毕，分析销售人员的反馈的时间也相对较短。你要从未解决的工作、痛点和收益问题之中找到规律。

证据强度

●●●○○

几近失败

几近失败的反馈

在你的销售团队成功拿单后，了解是什么差点让销售过程功亏一篑。你要记录下有多少次销售几近失败，以及客户认为是什么"几乎阻止他们购买"的说法，以便更好地了解背后的原委。

关于客户为什么差点没有买，但最终仍然下单的反馈，是一座富含强有力证据的"金矿"。由于刚刚转化成你的客户，他们的反馈比其他大多数反馈更有力。

●●○○○

功能诉求的类型

从销售过程中排名前三位的功能诉求中寻找规律，发现它们可以处理哪些痛点，解决哪些潜在工作。

功能诉求是相对较弱的证据，因此你需要围绕功能诉求中要处理的痛点和要解决的潜在工作，运行更多的试验。

能力

销售/研究/数据

你需要能够收集、分类和分析销售人员的反馈。这有助于你理解销售是如何运作的，以及你想让销售人员回答什么问题。

必要条件

销售团队的数据

分析销售人员反馈最重要的条件是拥有一个投入的销售团队，他们可以以口头形式或通过客户关系管理（CRM）软件向你提供反馈。

客户访谈

p. 106

根据访谈记录，为在销售人员的
反馈中寻找未解决的工作、痛点
和收益问题提供参考。

功能定价

p. 226

邀请那些没有成功转化成客户的
人参与试验，以更好地了解他们
需要的功能。

验证式问卷调查

p. 278

根据问卷调查中的发现，为在销
售人员的反馈中寻找未解决的工
作、痛点和收益问题提供参考。

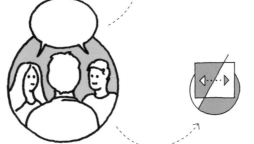

销售人员反馈

对比测试

p. 270

在销售过程中进行对比测试，以
测试不同的价值主张。

专家型利益相关者访谈

p. 115

利用利益相关者的访谈记录，更
好地了解他们的需求能否转化为
销售。

销售人员反馈

数据分析

141

发现/数据分析

客户支持分析

通过分析客户支持数据，来发现你的产品或服务中未解决的工作、痛点和收益问题。

成本 ●●○○○	证据强度 ●●○○○
准备时间 ●●○○○	运行时间 ●●●○○

需求性 · 可行性 · 收益性

客户支持分析适用于已经拥有大量客户的企业。

能力 销售/市场营销/研究/数据

准备

☐ 确定你想从客户支持数据中得到哪些问题的答案：

- 你是否在解决客户最重要的工作？

- 你是否在处理客户最重要的痛点？

- 你是否在为客户创造收益？

☐ 安排会议，与你的客户支持团队一起回答这些问题。

执行

☐ 与你的客户支持团队讨论他们对这些问题的想法。

☐ 让他们从客户支持电话、数据看板、电子邮件等方面提出证据来佐证他们的答案。

☐ 感谢他们花时间来帮助改善体验。

分析

☐ 根据你的发现，更新你的价值主张画布。

☐ 利用你的发现来确定试验，以提高契合度。

成本

成本相对较低，因为大部分成本是简单收集客户数据产生的。对这些数据的分析无须昂贵的软件或顾问就可以完成。

准备时间

一旦你有了数据，客户支持分析的准备时间就相对较短。你需要确定你要分析的时间段和你要在数据中具体寻找的内容。

运行时间

一旦你有了数据并确定了你要在数据中寻找的内容，客户支持分析的运行时间就相对较短。你要在未解决的工作、痛点和收益问题之中找到规律。

⚖ ●●○○○

证据强度

●●○○○

客户反馈

在客户支持电话中，客户在提及他们试图完成的工作、他们认为没有解决的痛点，以及未实现的收益时的原话。

在客户支持数据中，客户反馈本身是相对较弱的证据，但可以用来为未来的试验提供参考。

●●○○○

功能诉求的类型

从排名前三位的功能诉求中寻找规律，发现它们可以处理哪些痛点，解决哪些潜在工作。

功能诉求是相对较弱的证据，因此你需要围绕功能诉求中要处理的痛点和要解决的潜在工作，运行更多的试验。

能力

销售/市场营销/研究/数据

你需要具备收集、分类和分析客户支持数据的能力。这些能力有助于你理解销售如何运作，产品如何营销，以及你想从数据中得到哪些问题的答案。

必要条件

客户支持数据

客户支持分析的最重要的条件，是已经有客户支持数据可供分析。它可以是多种形式的，可以是你的支持团队的电话记录，也可以是电子邮件或提交的缺陷/功能诉求。你所分析的数据不能只涵盖少数客户，也不应只是道听途说或一次性的对话。

客户访谈

p. 106

根据你的访谈记录，为在客户支持数据中寻找未解决的工作、痛点和收益问题提供参考。

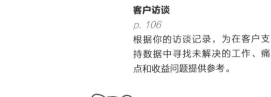

网站流量分析

p. 130

将你从客户支持数据中了解到的信息与网站上的客户行为进行印证。

验证式问卷调查

p. 278

根据问卷调研中的发现，为在客户支持数据中寻找未解决的工作、痛点和收益问题提供参考。

客户支持分析

销售人员反馈

p. 138

将你从客户支持数据中发现的内容与销售人员的反馈进行印证。

专家型利益相关者访谈

p. 115

利用利益相关者的访谈记录，更好地了解他们的需求能否转化为你从客户那里听到的描述。

快艇试验

p. 218

与其单纯让客户指出他们认为产品缺少什么，不如邀请他们进行一次快艇试验，以更好地了解产品的哪些方面能帮助他们更快地前进，哪些方面会拖慢他们的进度。

发现/发现兴趣

在线广告

明确阐述目标客户群体的价值主张，并带有简单的行为召唤。

成本 ●●●○○	证据强度 ●●●○○
准备时间 ●●○○○	运行时间 ●●●○○

需求性 · 可行性 · 收益性

在线广告适用于针对线上客户，对价值主张进行快速的大规模测试。

能力 设计/产品/市场营销

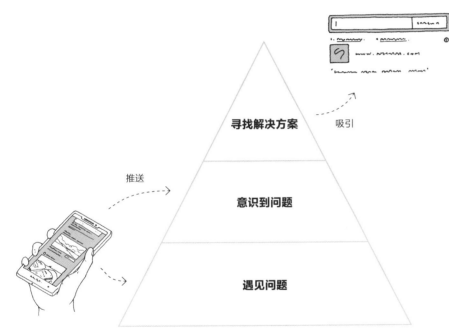

寻找解决方案

吸引

推送

意识到问题

遇见问题

这个工具的灵感来自史蒂夫·布兰克所著《四步创业法》第三章中的
图3-1 早期采用者的特征。

寻找目标客户

在网上寻找目标客户会是一个挑战，但只要有创造力和应变能力，就有可能成功。你甚至可以在设计试验之前，就开始考虑这个问题。

例如，在创建价值主张画布时，花点时间头脑风暴，在网上找到你的目标客户。然后由团队投票决定你首先测试的对象。

你的客户处于什么阶段？

在确定了寻找目标客户的优先次序后，你要根据客户的状态来定制你的方法。你可以使用史蒂夫·布兰克的模型，来调整你吸引客户的策略。

这个工具的灵感来自史蒂夫·布兰克所著《四步创业法》第三章中的图3-1 早期采用者的特征。

基于推送的获客方式

对于那些遇见并且意识到问题的客户，你可以采用基于推送的方式，让他们参与你的试验，为他们创建有针对性的广告。在投放广告时你可以按兴趣将人群细分，并将你的试验"推送"给他们。

社交媒体广告

准备

☐ 确定你将在哪些社交媒体平台上发布广告。

☐ 设定你的目标受众、广告宣传时长和预算。

☐ 选择按点击次数收费的选项。

☐ 加上你的企业名称和标识。

☐ 根据价值主张画布写一段价值宣传语，以正确传递你的产品信息。

☐ 创作一幅引人瞩目的图像，强化你的价值宣传语。

☐ 包含指向着陆页的地址链接。

执行

☐ 审核通过后就开始运行你的社交媒体广告。

☐ 监测它每天的各项表现：

• 广告支出。

• 曝光量。

• 点击率。

• 评论和分享。

分析

☐ 每天分析你的广告的表现。

☐ 如果你的广告支出很大，但点击率却很低，那就暂停广告宣传，迭代你的文字和图片，然后再重新开始宣传。

准备

□ 确定你将在哪些搜索平台上发布广告。

□ 设定你的目标受众、广告宣传时长和预算。

□ 选择按点击次数收费的选项。

□ 根据价值主张画布写一段价值宣传语，以正确传递你的产品信息。

□ 包含指向着陆页的地址链接。

□ 撰写一份简化版的价值宣传语，作为价值标题。

□ 提交你的广告，以供审核。

执行

□ 审核通过后就开始运行你的按需搜索型广告。

□ 监测它每天的各项表现：

• 广告支出。

• 曝光量。

• 点击率。

分析

□ 每天分析你的广告的表现。

□ 如果你的广告支出很大，但点击率却很低，那就暂停广告宣传，迭代你的文字和图片，然后再重新开始宣传。

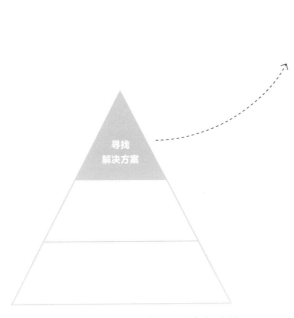

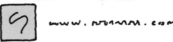

这个工具的灵感来自史蒂夫·布兰克所著《四步创业法》第三章中的图3-1 早期采用者的特征。

基于吸引的获客方式

与基于推送的获客方式相比，对于那些已经在寻求解决方案的人，你可以采取一些略有差异的方式。在他们寻求解决方案的时候，你需要出现在他们面前。

基于吸引的获客方式意味着，在人们上网搜索问题的解决方案时，要保证你的试验刚好呈现出来。使用按需搜索型广告，你可以缩小关键词的范围，在人们积极寻求解决方案时，将他们"吸引"到你的价值主张面前。

● ●●● ○ ○

成本

在线广告的成本可能因情况而有所不同，取决于你采用的是展示型还是搜索型广告、所用的关键词，以及你所在行业的平均单次点击成本。总的来说，你不应该在早期就采用非常昂贵的在线广告。不要养成付费获客的坏习惯，否则你以后会发现很难扩大业务规模。

 ● ●● ○ ○ ○

准备时间

如果你的广告只有文字，那么你可以在几分钟内创建完毕。如果你的广告包含图像，则可能需要更长的时间来寻找和创建合适的图像。

 ● ●● ● ○ ○

运行时间

根据平台的不同，可能需要1~3天的时间来审核你的广告。审核通过后，通常要将广告运行至少一个星期，你才能看出它每天的表现如何。

⚖ ● ●●● ○ ○

证据强度

 # 非重复浏览量

 # 点击量

点击率=广告点击次数÷广告显示次数。每个行业的点击率都不同，所以要在网上研究一下，给你的产品找到一个可参照的点击率。

目标受众点击广告的证据强度相对较弱，但它对测试获客渠道是必要的。它也可以与简版着陆页上的转化率结合起来，从总体上得到更强的证据。

能力

设计/产品/市场营销

运行在线广告比以往容易多了，主要是因为在线广告平台给你提供了每一步的管理经验。但是你仍然需要有设计广告的能力，以便精准传递你的价值主张，同时设定合适的行为召唤和目标受众。这意味着你需要拥有设计、产品和市场营销技能，否则你的广告效果将无法转化。

必要条件

目的地

一旦目标受众点击广告，你就需要有一个让他们访问的目的地。在大多数情况下，目的地是指某种类型的着陆页。近年来，平台的限制越来越多，页面需要与广告的整体价值主张相匹配，并满足网站对广告目的地的要求。在运行你的广告之前，一定要审查这些条件，否则广告将无法通过审核。

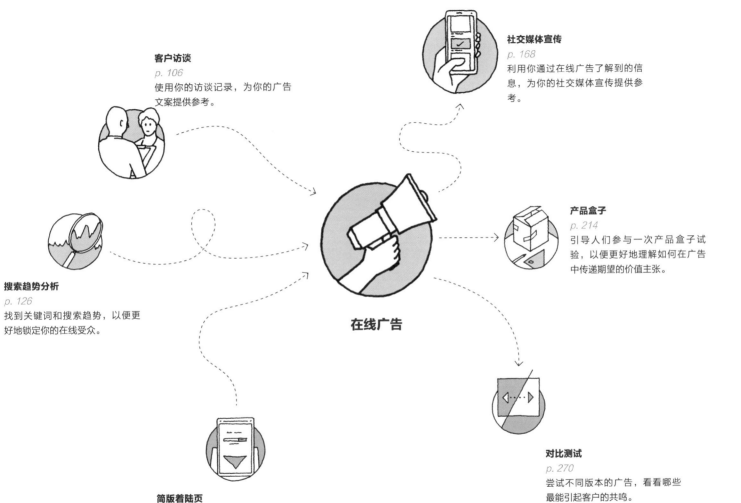

客户访谈

p. 106

使用你的访谈记录，为你的广告文案提供参考。

社交媒体宣传

p. 168

利用你通过在线广告了解到的信息，为你的社交媒体宣传提供参考。

搜索趋势分析

p. 126

找到关键词和搜索趋势，以便更好地锁定你的在线受众。

产品盒子

p. 214

引导人们参与一次产品盒子试验，以便更好地理解如何在广告中传递期望的价值主张。

在线广告

简版着陆页

p. 260

创建一个简版着陆页，作为广告的目的地。

对比测试

p. 270

尝试不同版本的广告，看看哪些最能引起客户的共鸣。

在线广告

发现类试验

151

发现/发现兴趣

链接追踪

一个独特的、可追踪的超链接，可以帮助你获得更多关于你的价值主张的详细信息。

⬮ ⬤ ◯ ◯ ◯ ◯ 成本	⚖ ⬤ ⬤ ⬤ ◯ ◯ 证据强度
🕐 ⬤ ◯ ◯ ◯ ◯ 准备时间	⏱ ⬤ ⬤ ⬤ ◯ ◯ 运行时间

🔲 ✉ ◔

需求性 · 可行性 · 收益性

链接追踪适用于测试客户行动，以收集定量数据。

✂ ⬡ ⠿ ⚒ 🗄 🏷 📣 🔍 ◔

能力 *技术/数据*

准备

☐ 确定你要把链接放在哪里。

☐ 为链接建立一个明确的行为召唤。

☐ 整合分析工具，以追踪链接的浏览量和点击量。

☐ 创建客户点击链接后将着陆的目的地。

执行

☐ 激活你的链接，并将其提供给客户。

☐ 将链接运行几周，让人们有时间去点击。

分析

☐ 计算链接的点击率。

☐ 将点击率与目的地网站上的客户行为做比较。

☐ 利用你所了解到的信息来完善链接内容，并对修改版进行对比测试。

成本

链接追踪的成本相对较低。大多数在线网络分析、在线广告和电子邮件软件都能帮助你进行链接追踪。

准备时间

如果你使用现有的软件，那么链接追踪的准备时间是比较短的。你只需要为不同的数字媒体格式创建各自的链接。

🕐 ●●●○○

运行时间

链接追踪的运行时间通常至少需要几周。人们需要时间来查看并决定是否点击。

证据强度

 # 非重复浏览量

点击率=点击链接的人数÷浏览链接的人数。

点击率因行业而不同。使用行业基准来确定试验的平均数是多少。

链接点击是一种中等强度的证据。你会了解到他们"做了什么"，但不会知道为什么，除非你和他们进一步交谈。

能力

技术/数据

链接追踪不需要很深的专业知识，因为大多数软件已经具备这个功能。你只需要创建具有追踪功能的链接，并解读其结果。

必要条件

行为召唤

如果没有一个明确的行为召唤和价值主张，链接追踪就不会很成功。你要在你的内容和图像中清楚地传达这两点，同时提供一个链接，把客户带到另一个网页。

客户访谈

p. 106

从你的客户访谈中收集电子邮件
地址，以便后续给他们发送带有
链接追踪的电子邮件。

对比测试

p. 270

根据链接追踪分析，创建不同的
版本，并进行对比测试。

链接追踪

在线广告

p. 146

创建一个带有可点击链接的在线
广告，用以追踪点击率。

简版着陆页

p. 260

将追踪链接放到你的着陆页上，
以了解页面上点击在线广告的客
户的转化情况。

电子邮件宣传

p. 162

在电子邮件中设置链接追踪，以
了解有多少人点击了你电子邮件
中的链接。

链接追踪

155

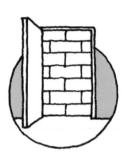

发现/发现兴趣

功能按键

对即将上线的功能进行一个小型测试，其中包含体验的雏形，该测试通常以
一个按键的形式呈现。

⬭ ●○○○○	⚖ ●●●●○	
成本	证据强度	
🕐 ●●○○○	⏱ ●●○○○	
准备时间	运行时间	

🔲 ✉ ◔

需求性 · 可行性 · 收益性

功能按键适用于快速测试现有产品某项新功能的需求性。

功能按键不适用于测试产品的关键功能。

✂ ⬡ ⁙ ⚒ 🗄 🏷 📢 🔍 📊

能力 *设计/产品/技术*

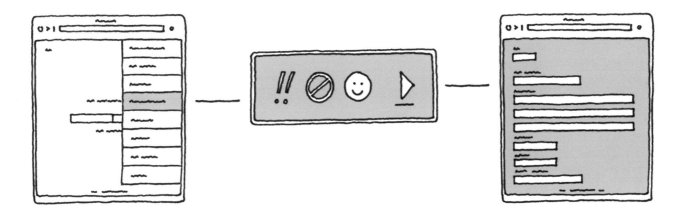

准备

☐ 决定把功能按键放在哪里：作为产品的一部分，最好放在客户在工作流程中最需要它的地方。

☐ 确定功能按键试验的持续时长和流程。

☐ 创建功能按键，采用与产品其他部分相同的视觉风格。

☐ 当点击时，弹出一个窗口，说明该功能还没有完成。

☐ 提供一个"了解更多"的链接，以确定人们是否有足够的兴趣再次点击。或者，也可以显示一份调查问卷，询问人们的兴趣如何，并提供电子邮件注册选项。

☐ 整合分析工具，追踪浏览量和点击量。

☐ 布置一个功能切换开关，使你能够快速开启或关闭功能按键试验。这是一个非常重要的步骤！

执行

☐ 启动你的功能按键。

☐ 密切监测该链接的使用情况，按小时计算。

☐ 一旦到达截止期限，就关闭功能按键试验。

分析

☐ 分别计算功能按键、"了解更多"链接和调查问卷的转化率。这些是否达到了你的成功标准？

☐ 与你的团队一起回顾这些发现，以确定该功能是否仍然值得开发。

成本

功能按键通常成本非常低，因为你并不是要开发整个功能，只是建一个接入点。

准备时间

在你现有的产品或服务中建立一个功能按键应该只需要几个小时。如果超过这个时间，你可能需要重新考虑该试验的实施架构。

运行时间

功能按键的运行时间绝不应当超过3天，一般都在1~3天。作为简短的试验，功能按键旨在快速收集证据。

时间拉得更长会挫伤你客户的热情，因为他们会一直期待该功能的实现。

证据强度

 # 非重复浏览量
 # 按键点击次数
按键点击转化率

你可以这样计算转化率：按键转化率=按键点击次数÷非重复浏览量。以15%作为按键点击的转化率目标。

尽管按键的非重复浏览量和点击次数确实是对该功能感兴趣的信号，但仍是相对较弱的证据。

 # "了解更多"的点击次数
"了解更多"转化率

你可以这样计算转化率："了解更多"转化率="了解更多"链接点击次数÷非重复浏览量。以5%作为"了解更多"的转化率目标。

点击"了解更多"比简单地关闭弹出窗口证据强度要高一些。

 # 调查问卷的完成数
调查问卷反馈

你可以这样计算转化率：调查问卷转化率=问卷完成数÷"了解更多"的非重复点击次数。以3%作为调查问卷的转化率目标。

在"了解更多"链接中填写调查问卷比关闭弹出窗口的证据强度要高一些。从人们自愿点击并填写关于他们期待怎样的产品功能的调查问卷中，你会得到很有价值的洞察。

能力

设计/产品/技术

你要能够设计一个适合现有产品的按键。你还需要让这个按键启动一个窗口，说明这个功能还没有准备好，并要求客户填写一份问卷。分析能力非常重要——因为你需要衡量试验的表现。

必要条件

现有的产品

功能按键试验需要一个已经拥有每日活跃客户的产品。如果你还没有一个有稳定客户流的产品，那么将很难衡量客户的兴趣。他们必须在使用产品的场景中看到功能按键，证据才会可信。

整合和分析工具

功能按键试验需要能随时启动或关闭。要确保你在推出功能按键试验之前具备相应的能力。此外，你还需要分析工具来衡量对功能的兴趣。

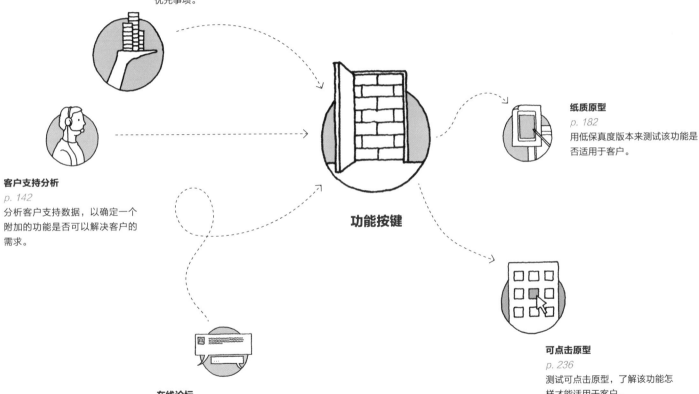

功能定价

p. 226

引导客户进行一次模拟购买练习，以确定该功能是不是他们的优先事项。

客户支持分析

p. 142

分析客户支持数据，以确定一个附加的功能是否可以解决客户的需求。

功能按键

在线论坛

p. 134

搜索在线论坛，看看客户是否在使用创造性的解决方案来应对你的产品缺陷。

纸质原型

p. 182

用低保真度版本来测试该功能是否适用于客户。

可点击原型

p. 236

测试可点击原型，了解该功能怎样才能适用于客户。

功能按键

159

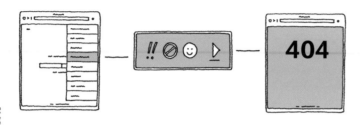

404 测试

功能按键有一种更快、风险也更高的变形试验，就是 404 测试。它与功能按键非常相似，只是你不用在按键或链接上放任何内容。404 测试也由此得名，因为每次被点击都会产生 404 错误。要了解一个功能是否有需求，你只需要计算产生 404 错误的数量。

这种变形有得有失。一方面，你可以无比快速地对客户展开大规模测试，而另一方面，这会给人一种印象：你的产品出了问题。

404测试的运行时间最多几个小时。

成本

准备时间

运行时间

证据强度

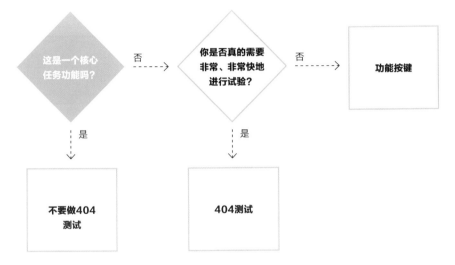

161

做一个快速测试，省得要开无数次会
议去辩论和论证逻辑。

——斯蒂芬·考费尔（Stephen Kaufer）
猫途鹰公司首席执行官

无尽的会议

你是否参加过这样的会议，团队成员讨论为客户开发某项功能是不是一个好主意？

如果没有证据，谈话就会兜圈子，最终靠拍脑袋来做决策。

一个功能按键就可以产生数据来帮助你衡量需求。

如果测试取得了巨大的成功，客户主动来问你什么时候能用上这项功能呢？这将有助于结束没完没了的功能评判会议。

如果测试失败了，都没有人点击呢？那它也有助于推动进一步的对话。

这不是只为争个对错，也不是让你能在会议上向同事显摆你的预测准确，而是要利用数据来帮助推进对话。在这种情况下，取得进展远比显得正确更重要，而功能按键是取得进展的一个好方法。

电子邮件宣传

在特定时间段内，向客户发送电子邮件信息。

💰 ●○○○○○ 成本	⚖ ●●●○○○ 证据强度
🕐 ●●○○○○ 准备时间	⏱ ●●●○○○ 运行时间

能力 *设计/产品/市场营销*

需求性 · 可行性 · 收益性

电子邮件宣传适用于针对细分客户群，快速测试你的价值主张。

电子邮件宣传不能替代面对面的客户互动。

准备

☐ 确定电子邮件宣传的目标。

☐ 创建一系列的"涓滴邮件"
（Drip Emails），在几天或几
周内逐步向客户传递价值。

☐ 在内部发送测试邮件以检查内
容和图片。

执行

☐ 对客户运行你的电子邮件宣传
试验。

☐ 对回复的客户做出回应。

分析

☐ 分析哪些邮件的表现最好。

☐ 什么类型的内容带来了最多的
打开次数？

☐ 什么类型的内容带来了最高的
点击量？

☐ 什么类型的内容带来了最多的
回复邮件？

☐ 与你的团队一起进行复盘，并
决定要为下一波宣传做哪些
修正。

成本

电子邮件宣传的成本相对较低：有一些服务可以实现低成本而高效地管理创建、发送和分析面向大量订阅者的电子邮件。

准备时间

使用当今的电子邮件工具，只需要几分钟到几小时就可以策划一次电子邮件宣传。你可以创建自动跟进的电子邮件，在一段时间内按预先计划发送，而无须人工介入。

运行时间

根据电子邮件宣传的性质，这一试验的运行时间可能需要1~2天或3~4周。

证据强度

打开次数

点击次数

退订数

取消订阅数

打开率=非重复打开次数÷非重复点击次数。

点击率=在电子邮件中至少点击一个链接的人数占比。

打开率和点击率因行业而不同。使用行业基准来确定你试验的平均水平。这些数据可以在大多数电子邮件服务工具的报告包中找到。

电子邮件的打开次数和点击次数是一种中等强度的证据。

能力

设计/产品/市场营销

现在有许多专门的电子邮件工具和服务工具，使得电子邮件的创建和管理相对容易。不过你仍然需要能够写出清晰、连贯的文案，并配有引人注目的图片和强有力的行为召唤。大部分的格式化工作可以套用在线模板。

必要条件

订阅者名单

你首先需要一批订阅者，才能让电子邮件宣传发挥效果。你可以从许多不同的来源获得订阅者，包括：

- 社交媒体宣传
- 网站注册
- 带有电子邮件注册的博客文章
- 口碑传播
- 在线论坛

宣传目标

电子邮件宣传需要一个目标，否则你就不能确定它在帮你取得进展。目标可以是多种多样的，包括将流量引到新页面以提高转化率，获得新客户，建立信任，了解客户需求以重新吸引现有或流失的客户。在投入精力展开电子邮件宣传之前，先要设定一个目标。

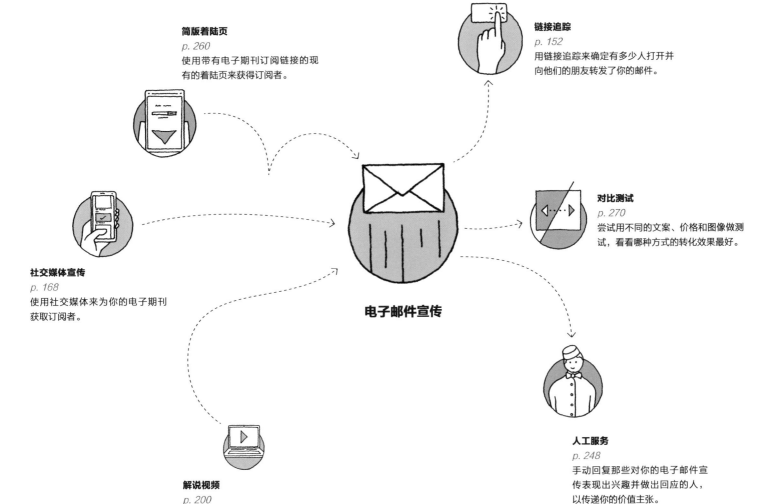

简版着陆页

p. 260

使用带有电子期刊订阅链接的现
有的着陆页来获得订阅者。

链接追踪

p. 152

用链接追踪来确定有多少人打开并
向他们的朋友转发了你的邮件。

社交媒体宣传

p. 168

使用社交媒体来为你的电子期刊
获取订阅者。

电子邮件宣传

对比测试

p. 270

尝试用不同的文案、价格和图像做测
试，看看哪种方式的转化效果最好。

解说视频

p. 200

在视频的开头显示电子邮件注册链
接，注册后才能观看视频。

人工服务

p. 248

手动回复那些对你的电子邮件宣
传表现出兴趣并做出回应的人，
以传递你的价值主张。

电子邮件宣传

分享、发现、讨论新产品
新品猎头网

新品猎头网 (Product Hunt) 是一个用户可分享和发现新产品的网站。自 2013 年成立以来，该网站取得了巨大的发展。新品猎头网已经成为发布新产品的地方，有趣的是，这一切都始于瑞安·胡佛（Ryan Hoover）在费尔兹咖啡馆（Philz Coffee）的 20 分钟试验，主要方式就是电子邮件宣传。

假设

瑞安认为，产品人员会加入一个在线社区来分享、发现并讨论新的和有趣的产品。

试验

创建新品猎头网的第一个版本，为此策划一次电子邮件宣传。

仅仅用了20分钟，瑞安就在Linkydink（一个由Makeshift员工创建的链接分享工具）上创建了一个小组。当时，人们可以在这个小组里分享链接，并以每日电子邮件的形式发送。他随后邀请了几个和他一起创业的朋友参与建立这个小组。为了推广它，瑞安在Quibb（一个专注于技术的在线社区）和推特上运行了这个试验。

证据

打开、点击和分享的次数。

在试验开始运行后的两周内，超过200人订阅了这份产品推文，这些产品来自30位精心挑选的贡献者，他们包括初创企业创始人、风险资本家和知名博主。

瑞安还收到了几封毛遂自荐的电子邮件和当面会谈的邀请，发送人都表达了他们对这个项目的喜爱和支持。

洞察

你见或不见，需求就在那里。

这个项目收到的回应好评如潮。不像大多数电子邮件是打开后点击（或不点击），瑞安有一群用户公开帮忙背书并通过电子邮件转发链接。多年来，他逐步建立了一个由雄心勃勃的创业者和产品人员组成的网络。很明显，从瑞安的电子邮件列表中的大量活动来看，产品狂热分子的社区需求没有得到满足。

行动

将用户行为从电子邮件变成一个平台。

瑞安利用他从试验中所获得的洞察，为新品猎头网这个社区平台的设计和技术提供了参考。

此后，新品猎头网脱离Y Combinator公司（YCS14），并在2016年被AngelList公司以2000万美元收购。新品猎头网已经成为创客和初创企业向全球创始人、记者、投资者和发烧友发布新产品的地方。

社交媒体宣传

在特定时间段内，向客户发送社交媒体信息。

⊙ ●●○○○	⚖ ●●●○○
成本	**证据强度**
⏱ ●●●○○	⏱ ●●●●●
准备时间	**运行时间**

✂ ⬡ ⊹ ⚒ ⬚ 🏷 ◁ ⚲ ◔

能力 *设计/市场营销*

▦ ▷ ◓

需求性 · 可行性 · 收益性

社交媒体宣传适用于获取新客户、提高品牌忠诚度和推动销售。

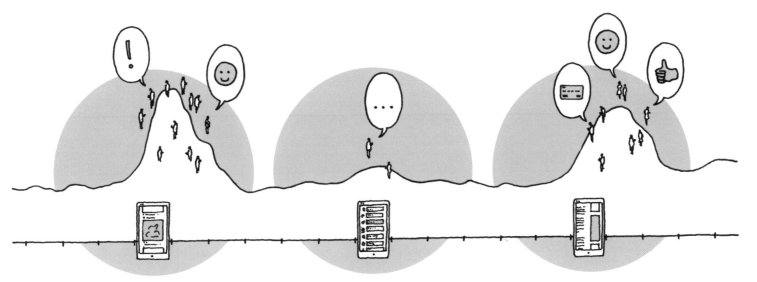

准备

☐ 设定你用社交媒体宣传要达到的目标。

☐ 选定宣传活动要使用的平台。

☐ 创建你的内容日历和时间表。

☐ 创建你的社交媒体内容。

执行

☐ 根据时间表在各平台上发布你的内容。

☐ 监测评论者，回复他们，并与他们进行互动。

分析

☐ 分析哪些帖子和平台表现最好。

☐ 什么类型的内容带动了最多的分享？

☐ 什么类型的内容带来了最高的点击量？

☐ 什么类型的内容带来了最多的评论数？

☐ 什么类型的内容带来了最多的转化？

☐ 与你的团队一起进行复盘，并决定为下一波宣传做哪些修正。

成本

如果你自己承担这些工作，并且不支付社交媒体广告费，那么社交媒体宣传还算是便宜的。然而，如果你雇用他人来创建内容和管理，成本会迅速上升（每月5000到2万美元）。

准备时间

社交媒体宣传的准备时间可能需要几天或几周，这取决于你需要创建多少内容。如果你在多个平台上运行这一试验，准备时间也会增加。

运行时间

社交媒体宣传的运行时间很长，通常是几周或几个月。你需要时间在社交媒体上发布，等待被阅读和回应，你还需要时间来衡量它对你的商业目标的有效性。

证据强度

●●○○○

浏览数

分享数

评论数

参与行为是指客户如何浏览、分享和评论你的社交媒体帖子。

社交媒体参与行为是相当弱的证据。你可以从评论中获得定性的洞察，为你的价值主张提供参考。

●●●○○

点击率

点击率是指你的社交媒体帖子的点击人数除以浏览量。

●●●●○

转化率

转化率是指使用某一社交媒体平台链接进行注册或购买的人数除以点击该链接的人数。
转化率是强有力的证据，可以帮助你确定什么样的社交媒体平台最适合推动业务。

能力

设计/市场营销

社交媒体宣传需要具备强大的设计和市场营销能力：设计能力体现为在发布前帮助塑造内容并使其可视化；市场营销能力体现为创造、回应和管理在多个社交媒体平台上进行的试验。

必要条件

内容

社交媒体宣传不是简单地四处发帖，而是要把内容安排在几周至几个月的时间表里，有计划地进行。没有内容，你的宣传就不会成功。在一股脑儿地扎进宣传活动之前，要确保你有计划和资源来创建内容。

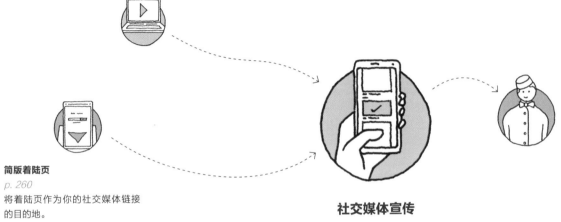

解说视频
p. 200
利用社交媒体宣传为你的视频带
来流量。

人工服务
p. 248
以人工方式为那些从社交媒体宣
传中转化过来的客户提供价值。

简版着陆页
p. 260
将着陆页作为你的社交媒体链接
的目的地。

社交媒体宣传

社交媒体宣传

发现试验

171

发现/发现兴趣

转介绍计划

通过客户转介绍、口碑传播或数字代码，向新客户推广产品或服务。

成本 ●●●○○

证据强度 ●●●●○

准备时间 ●●○○○

运行时间 ●●●●●

需求性 · 可行性 · 收益性

转介绍计划适用于同客户一起测试如何有机地扩展业务规模。

能力 *设计/产品/市场营销*

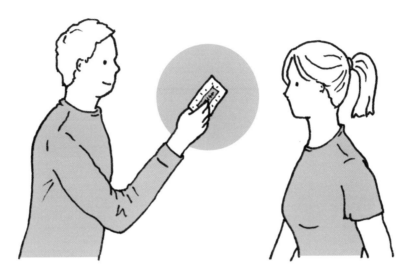

准备

☐ 设定转介绍计划的转化目标。

☐ 从你的拥护者中，选定你要发送转介绍码的对象。

☐ 创建不重复的转介绍码并整合分析工具。

执行

☐ 向你的拥护者提供转介绍码。

☐ 运行几个星期，让拥护者的朋友有时间考虑和点击。

分析

☐ 计算拥护者的分享率。

☐ 计算朋友（即拥护者的朋友，下同）的点击率。

☐ 计算朋友的转化率。

☐ 将转化率与你之前设定的目标进行比较。

☐ 利用你所了解到的信息来完善转介绍计划，并进行对比测试。

成本

转介绍计划的费用还算便宜。你需要激励拥护者（你的客户）进行转介绍，为拥护者和他们的朋友双方提供折扣，这将产生相应的成本。市面上有些低成本的软件可以帮助你管理转介绍者，并分析该计划的成效。

准备时间

转介绍计划的准备时间很短。你需要设置好转介绍码，并选择向哪些拥护者发送。

运行时间

转介绍计划的运行时间很长，通常是几周或几个月。你需要给拥护者留足时间进行转介绍，并让他们的朋友决定是否基于推荐采取行动。

证据强度

拥护者数量
拥护者分享次数

拥护者是指你提供转介绍码以供其分享的客户。分享次数是指有多少拥护者积极与朋友分享代码。

拥护者分享率为与朋友分享代码的拥护者人数除以收到代码的拥护者人数。目标是15%~20%。

拥护者同意接受并分享代码是相对有力的证据。因为这表示他们正在以实际行动把你的产品介绍给朋友。

朋友数
朋友点击率
朋友转化率

朋友是指从拥护者那里收到代码的人。

朋友点击率为点击代码的人数除以收到代码的人数。百分比因渠道而各不相同。目标是50%~80%。

朋友转化率为使用代码注册或购买的人数除以点击代码的人数。目标是5%~15%。

朋友点击转介绍码并转化是强有力的证据。他们基于转介绍所产生的行为是以获取激励为目的的，所以还要观察一段时间，才能知道他们是否会长期留下来。

能力
设计/产品/市场营销

转介绍计划主要需要产品和市场营销能力。你需要清楚地传达，你为什么要提供折扣，以及你的拥护者及其朋友将如何从中受益。如果你需要创建定制的电子邮件、社交媒体帖文或专门用于该计划的着陆页，你就需要具备设计能力。

必要条件
充满热情的客户

客户通常不会一开始就对你的产品充满热情。他们需要一些时间才会对产品感到满意，并成长为热情的客户。因此我们建议，在随机发送转介绍码之前，你应该考虑到这一点。你要把代码发给那些你认为会介绍朋友来购买并夸赞产品的人。

链接追踪

p. 152

设置链接追踪，以确定哪些拥护
者最为活跃。

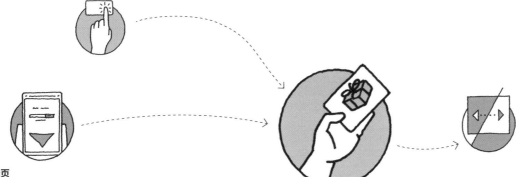

对比测试

p. 270

对不同的折扣码进行分析和对比
测试，以确定哪种媒体能更好地
进行朋友的转化。

简版着陆页

p. 260

使用着陆页来测试对转介绍计划
的需求。

转介绍计划

电子邮件宣传

p. 162

使用电子邮件将你的转介绍计划
发给拥护者。

社交媒体宣传

p. 168

使用社交媒体来宣传你的转介绍
计划。

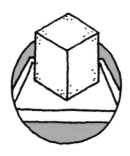

发现/讨论原型

3D 打印

依照 3D 数字模型，使用 3D 打印机快速制作实物原型。

⬤⬤⬤◯◯ **成本**	⬤⬤◯◯◯ **证据强度**
⬤⬤⬤◯◯ **准备时间**	⬤⬤⬤◯◯ **运行时间**

需求性 · 可行性 · 收益性

3D打印适用于和客户一起快速测试和迭代你的实体解决方案。

能力 *设计/技术*

准备

☐ 收集你之前试验中产生的低保
真度的证据来支持3D打印。

☐ 借助3D建模软件，对要打印的
原型进行建模。

☐ 使用打印机创建一个3D打印
原型。

☐ 邀请客户并安排互动环节。

执行

☐ 向客户展示3D打印原型。

☐ 团队中的一名成员对客户进行
访谈。

☐ 团队中的另一名成员记录客户
的原话、工作、痛点、收益和
肢体语言。

☐ 在访谈进入尾声时，询问客户
在未来是否可以保持联系，并
展示保真度更高的解决方案。

分析

☐ 与团队一起回顾访谈笔记。

☐ 根据了解到的信息，更新你的
价值主张画布。

☐ 利用你所了解到的信息来完善
和迭代你的3D打印原型，以便
进行下一轮测试。

3D打印

177

○ ●●●○○
成本

3D打印的成本是比较低的。如果你是打印小型基本原型来与客户一起展开测试，那么成本可能会更低。3D打印的原型越复杂、越庞大，成本就越高。

 ●●●○○
准备时间

3D打印的准备时间可能需要几天或几周，这取决于你的建模能力和你能否连接3D打印机。

 ●●●○○
运行时间

3D打印的运行时间相对较短。你需要让客户与原型进行互动，以更好地了解你的价值主张与客户的工作、痛点和收益之间的契合度。

⚖ ●●○○○○
证据强度

●●○○○

客户的工作
客户的痛点
客户的收益

相应的证据说明了客户的工作、痛点和收益，以及该原型如何解决这些问题。

这些证据相对较弱，因为需要客户放下疑虑，并想象在真实情况下使用产品原型。

●○○○○

客户反馈
客户原话

客户反馈不限于客户的工作、痛点和收益，还要记下其他方面的客户原话。

客户原话的证据强度相对较弱，但有助于为后续的试验带来背景信息和定性洞察。

能力

设计/技术

你需要能够借助软件建立3D打印模型，然后用3D打印机来创建原型。有些软件相对更容易学习，但如果你没有设计背景，学习难度可能会很大。我们建议你寻求3D建模专家的帮助。至于3D打印机，不必急于购买。创客空间和工作室通常允许会员租用一段时期，来创建3D打印原型。

必要条件

从草图到模型

在计划创建3D打印原型之前，要确保你已经花时间测试了更快、保真度更低的试验。例如，你至少应该先把纸质原型呈现给客户，以获得反馈意见。这些反馈应该能帮你完善设计和解决方案。当然，这并不意味着所有客户要求的改变，你都要照做。

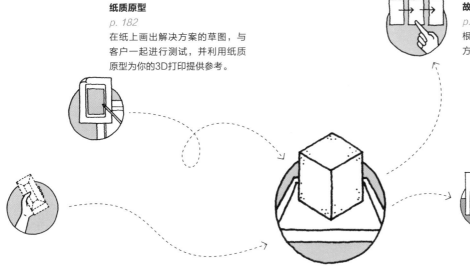

纸质原型

p. 182

在纸上画出解决方案的草图，与客户一起进行测试，并利用纸质原型为你的3D打印提供参考。

故事板

p. 186

根据客户反馈，勾勒出解决方案的场景。

实际大小的原型

p. 254

根据你所了解到的信息，创建一个保真度更高的版本。

假装拥有

p. 208

一个硬纸板或木质版本的解决方案可以为你的3D打印提供参考。

3D 打印

客户访谈

p. 106

让客户与3D打印原型进行互动，并通过访谈，了解客户的工作、痛点和收益。

合作伙伴及供应商访谈

p. 114

访谈你的合作伙伴和供应商，以获得对解决方案可行性的反馈。

3D打印

179

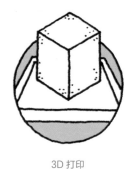

3D 打印

利用 3D 打印制作立方体卫星
美国国家安全局

美国国家安全局（National Security Agency，NSA）在密码学（编制与破译密码的艺术和科学）方面领先世界，并以此帮助保护敏感的国家安全信息，甚至在太空中也是如此。"卫星"一词常使人联想到一个巴士大小的物体，重达数吨，耗资数亿美元，在轨道上绕地球运行数年。

但立方体卫星是一种更新型的卫星，尺寸只有10厘米×10厘米×11.35厘米，重量不到2千克，使用现成的商业化组件。一个名叫"创新军团"（简称I-Corps）的团队，来自美国国家安全局网络安全解决方案小组，想要创造一种新型的加密装置，以保护立方体卫星的上行和下行通信。与现有的以昂贵的、巴士大小的卫星为适用对象的设计和认证相比，他们的解决方案在尺寸、重量、能耗和价格方面有极大的改善。

假设

美国国家安全局的团队认为……

这些内部创新者们抑制住了冲动，没有一上来就着手打造加密设备的早期版本，而是"走出大楼"去验证产品的需求性。他们发现外部客户对立方体卫星加密有广泛的需求，便试图确定能否得到内部那些关键的利益相关者的"力挺"，遗憾的是，这些利益相关者并没有看到对新解决方案的需求。如果团队能帮助他们看到这种需求，那么他们就会授权并资助团队的项目。

试验

该团队开始设计一种方法，帮助这些利益相关者迅速、明确地看到对新解决方案的需求。在几次失败的尝试之后，团队和他们的教练突发奇想，用3D打印机来创建一个实际大小的卫星模型，说不定能帮助利益相关者看到需求。他们在第二天就准备好了！

证据

在目睹了当前认证的加密产品根本无法装入3D打印模型后，利益相关者立即看到了对新解决方案的需求。

⚡ 行动

团队得到了资源，信心满满，开始打造他们的解决方案，并于2019年将该卫星送入轨道进行测试。

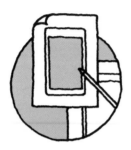

发现

182

试验

纸质原型

在纸上画出人机界面草图，由另一名成员操作，表示软件对客户互动做出的
反应。

🥚 ●○○○○	⚖ ●○○○○
成本	证据强度

🕐 ●●○○○	⏱ ●●○○○
准备时间	运行时间

🔧🎲🕸⚒🗄🏷📐🔍📊

能力　*设计/研究*

▦ ▷ ◣

需求性 · 可行性 · 收益性

纸质原型适用于快速测试你的产品概念，可以迅速与客户沟通。

纸质原型不适合作为产品的替代方案，来测试产品在客户面前是否具
备应有的可用性。

准备

☐ 为纸质原型试验设定目标。

☐ 确定要测试的目标受众，最好是一群有相关知识、对产品背景有所了解的人。

☐ 写下你的说明文本。

☐ 创建你的纸质原型草图。

☐ 在内部进行测试，以确保流程是可行的。

☐ 和目标客户一起，安排纸质原型试验。

执行

☐ 向客户解释，这是基于你准备交付的产品，为获得他们的反馈而安排的试验。确保他们清楚你很重视他们的意见。

☐ 一名成员对客户进行访谈并与他们互动。

☐ 另一名成员做笔记，充当记录员。

☐ 结束试验并感谢参与者。

分析

☐ 将纸质原型贴在墙上，将你的笔记、观察和客户的原话贴在周围。

☐ 他们在哪一步卡住了或觉得困惑了？

☐ 他们对什么感到兴奋？

☐ 利用这些反馈信息，为下一次针对客户体验的保真度更高的试验提供参考。

成本

纸质原型的成本非常低，因为你是用纸来描绘解决方案的草图并模拟体验。创建纸质原型不应该是昂贵而费力的工程。如果你买了绘图模板或应用程序作为过程中的辅助，会增加少量的成本。

准备时间

纸质原型的准备时间相对较短。创建纸质原型应该只需要几个小时到几天的时间。比起纸质原型的制作过程，寻找参与测试的客户很可能要花更长时间。

运行时间

纸质原型的运行时间也是几天到一个星期。你需要快速地与目标客户一起测试纸质原型，以便获得关于价值主张和解决方案的流程的反馈。

证据强度

●○○○○

任务完成情况
任务完成率
完成任务的时间

能够手动完成任务不一定就是强有力的证据，但能让你窥见客户可能感到困惑的地方。

●○○○○

客户反馈

即对于想象中的解决方案，客户评价价值主张和实用性的原话。

客户对纸质原型的原话是相对较弱的证据，但可以为保真度更高的试验提供参考。

能力

设计/研究

除了想象力，你需要一些设计技巧来绘制产品的草图。同时你还需要写出前后连贯的说明文本，并录制试验过程。

必要条件

一个想象中的产品

创建纸质原型需要丰富的想象力和创造力。你需要能够勾勒出产品的体验流，并亲手复原客户的交互行为。这就要求你在把产品呈现给潜在客户之前，要先把全程的体验想清楚。

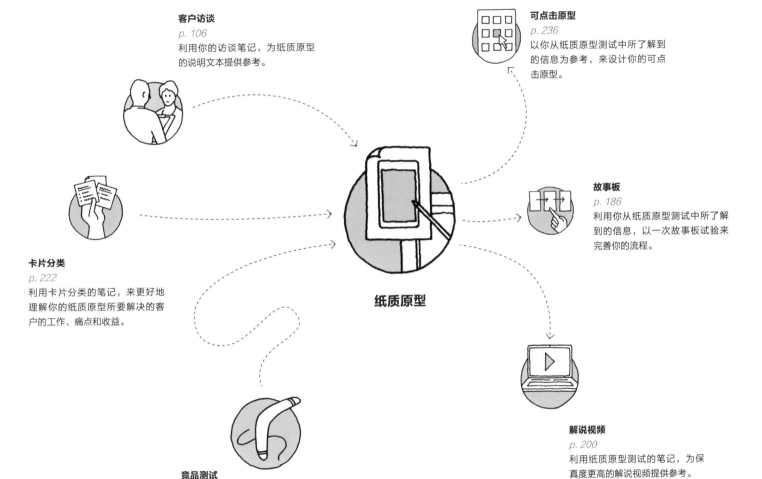

客户访谈

p. 106

利用你的访谈笔记，为纸质原型
的说明文本提供参考。

可点击原型

p. 236

以你从纸质原型测试中所了解到
的信息为参考，来设计你的可点
击原型。

卡片分类

p. 222

利用卡片分类的笔记，来更好地
理解你的纸质原型所要解决的客
户的工作、痛点和收益。

纸质原型

故事板

p. 186

利用你从纸质原型测试中所了解
到的信息，以一次故事板试验来
完善你的流程。

竞品测试

p. 204

利用竞品测试的笔记，来构思纸
质原型如何解决未满足的需求。

解说视频

p. 200

利用纸质原型测试的笔记，为保
真度更高的解说视频提供参考。

发现/讨论原型

故事板

按顺序显示的一系列插图,目的是将交互体验可视化。

💰 ●●○○○○ 成本	⚖️ ●●●○○○ 证据强度	🔲 ✉️ ◐ **需求性** · 可行性 · 收益性
🕐 ●●●○○○ 准备时间	⏱️ ●○○○○○ 运行时间	故事板适用于与客户一起进行头脑风暴,讨论不同的价值主张和解决方案所对应的场景。
✂️ 🧊 ⚙️ ⚒️ 🗄️ 🏷️ 📢 🔍 🥧 **能力** *设计/研究*		

准备

☐ 备齐用品：纸、海报纸、记号笔和便利贴。

☐ 预定一个有大量墙面和桌面空间的房间。

☐ 确定客户细分市场和整体的价值主张。

☐ 邀请你的团队成员并安排互动环节。

执行

☐ 让团队成员头脑风暴，提出8~12个备选的价值主张。

☐ 在海报纸上绘制出故事板，描述客户将如何体验到价值主张。

☐ 记下客户的原话，以及在每个场景中提到的客户的工作、痛点和收益。

☐ 请一位插画师协助绘制出客户的体验，为每个场景配上一张对应的插图。

分析

☐ 与团队一起回顾你的笔记。

☐ 根据你所了解到的信息，更新你的价值主张画布，或者创建一些新的价值主张画布。

☐ 在客户访谈时使用故事板试验中绘制的草图。

成本

故事板的成本相对较低。如果该试验是在线下面对面进行的，会需要大量的墙面空间、记号笔和海报纸。如果该试验是通过视频远程进行的，则会用到低成本或免费的虚拟白板软件。

准备时间

故事板的准备时间相对较短。你需要备齐用品和招募客户。

运行时间

故事板的运行时间是几个小时。你要引导客户参与，并绘制价值主张和场景的插图。

证据强度

●●○○○

客户的工作
客户的痛点
客户的收益

关于客户场景的插图，展示了客户将如何体验不同的价值主张。

排名前三位的客户的工作、痛点和收益，以及它们分属的主题。

这些插图是相对较弱的证据，因为它们是在实验室环境中得到的。即便如此，这些插图也能为聚焦于行为的、保真度更高的试验提供参考。

●●○○○

客户反馈
客户原话

客户反馈不限于客户的工作、痛点和收益，还要记下其他方面的客户原话。

客户原话是相对较弱的证据，但有助于为后续的试验带来背景信息和定性洞察。

能力

设计/研究

经过一些练习之后，几乎任何人都可以进行故事板试验。如果你的团队具备设计和研究能力，将会更有帮助。

必要条件

目标客户群

如果你已经有了一个特定的客户细分人群，那么用故事板的效果最好。故事板的目的是帮助你将各种交互体验可视化，但如果你不先缩小客户细分市场的范围，呈现的结果可能会过于宽泛。

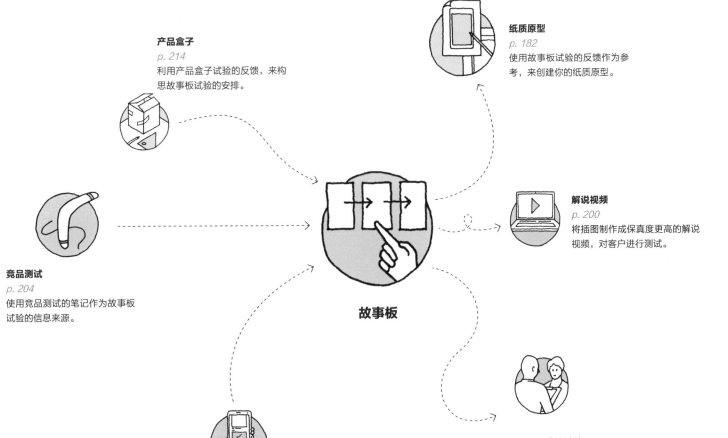

产品盒子
p. 214
利用产品盒子试验的反馈，来构
思故事板试验的安排。

纸质原型
p. 182
使用故事板试验的反馈作为参
考，来创建你的纸质原型。

解说视频
p. 200
将插图制作成保真度更高的解说
视频，对客户进行测试。

竞品测试
p. 204
使用竞品测试的笔记作为故事板
试验的信息来源。

故事板

客户访谈
p. 106
在客户访谈时使用故事板试验中
绘制的草图。

社交媒体宣传
p. 168
利用社交媒体来为你的故事板试
验招募人员。

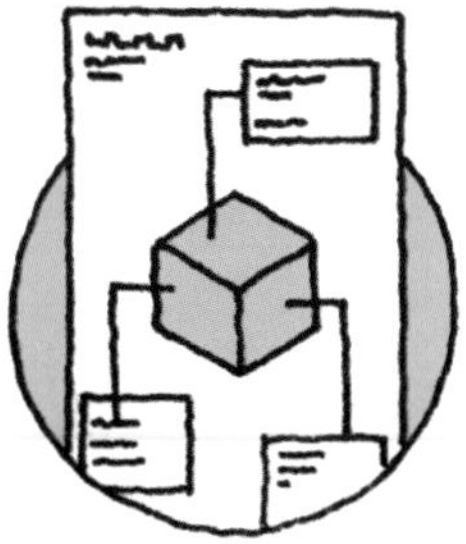

发现/讨论原型

数据表格

一页实物表格或数字表格，包含价值主张所对应的产品参数。

⬭ ●●○○○○	⚖ ●●●○○
成本	**证据强度**
🕐 ●●○○○○	⏱ ●●○○○
准备时间	**运行时间**

⚒ ⬚ ⦙⦙ ⋀ 🗄 🏷 📢 🔍 🥧

能力 *设计/技术/市场营销*

▦ ✉ ◔

需求性 · 可行性 · 收益性

数据表格适用于把产品参数浓缩至一页，以便与客户和重要合作伙伴一起展开测试。

准备

☐ 设定你的价值主张和解决方案的产品参数。

☐ 创建你的数据表格。

☐ 邀请客户和重要合作伙伴,并安排访谈。

执行

☐ 向客户展示数据表格。

☐ 团队中的一名成员进行访谈。

☐ 团队中的另一名成员记录客户的原话、工作、痛点、收益和肢体语言。

☐ 在访谈结束前,询问客户是否可以在这之后与他们联系,向他们提供保真度更高的解决方案或购买机会。

分析

☐ 与团队一起回顾你的笔记。

☐ 根据你所了解的信息,更新价值主张画布。

☐ 以你所了解到的信息为参考,完善保真度更高的试验。

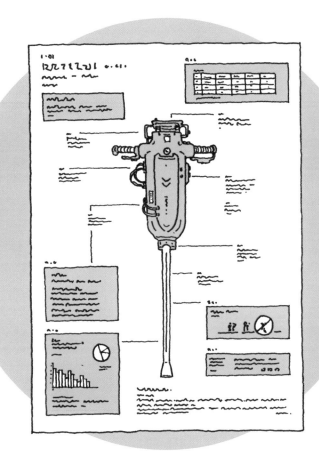

联系

• 将价值图中的价值主张作为你的标题。

• 包含价值图中的产品/服务。

• 基于产品/服务的规格进行扩展,并以图示说明细节。

• 包含价值图中排名前三位的收益创造方案。

• 包含价值图中排名前三位的痛点缓释方案。

数据表格

191

成本

数据表格成本非常低。如果是实物表格，你需要基本的文字处理或办公软件来创建文件并打印。如果是数字表格，你需要基本的网络软件，在你的网页或电子邮件中加入产品参数。

准备时间

数据表格的准备时间是几小时到一天，以便设置和创建表单。其中包括收集产品参数并把它们转化成适当的格式所需的时间。如果你打算当面展示，那么还需要时间来招募客户和重要合作伙伴。

192

运行时间

与客户和重要合作伙伴一起测试你的数据表格一般来说很快，每人只需要15分钟左右。

证据强度

客户反馈

合作伙伴的反馈

这是指在查看数据表格时，客户和合作伙伴的原话。

反馈是弱证据，但一般来说有利于获得质量不错的定性洞察。

能力

设计/技术/市场营销

数据表格要求具备基本的设计技能，以便有效地表述价值主张和技术规格的信息。你既需要列出价值主张和解决方案的技术规格，又要邀请客户/重要合作伙伴。

必要条件

数据表格将要求你有产品参数和具体的价值主张。在创建数据表格之前，你要想清楚它在技术上如何运行以及有什么益处。为了达到测试的目的，你还需要预设好目标客户或重要合作伙伴。

产品盒子

p. 214

通过与潜在客户进行产品盒子试验，为你的数据表格提供参考。

3D打印

p. 176

根据你从数据表格试验中了解到的信息，创建解决方案的3D打印原型。

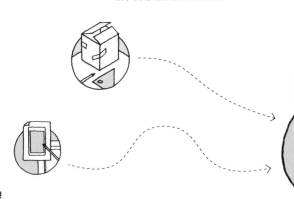

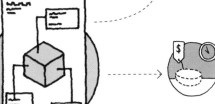

预售

p. 274

向那些在数据表格试验中显示出兴趣的人进行预售。

纸质原型

p. 182

利用纸质原型的反馈，为数据表格提供参考。

数据表格

客户访谈

p. 106

在客户访谈中分享你的数据表格，获得关于"它如何解决客户的工作、痛点和收益"的反馈。

合作伙伴及供应商访谈

p. 114

访谈你的重要合作伙伴和供应商，以获得对数据表格可行性的反馈。

简版着陆页

p. 260

在你的着陆页中加入数据表格，以清楚地表述解决方案的详细规格。

发现/讨论原型

发现

试验

宣传册

根据你想象中的价值主张，制作一本实物宣传册。

成本 ●○○○○	证据强度 ●●●○○
准备时间 ●●●○○	运行时间 ●●○○○

| 能力 *设计/市场营销/研究* | |

需求性 · 可行性 · 收益性

实物宣传册适用于线下客户，便于和他们面对面地测试你的价值
主张。

准备

☐ 利用价值主张画布上的相关信息，设计你的宣传册。

☐ 制订寻找目标客户的计划。

执行

☐ 向客户展示宣传册。

☐ 团队中的一名成员对客户进行访谈。

☐ 团队中的另一名成员记录客户的原话、工作、痛点、收益和肢体语言。

☐ 分别统计浏览宣传册和拿走宣传册的客户数量。

☐ 在访谈结束时说明，如果客户想了解更多信息或购买，可以通过宣传册上的联系方式与你联系。

分析

☐ 与团队一起回顾你的笔记。

☐ 根据你所了解到的信息，更新价值主张画布。

☐ 追踪有多少人通过宣传册上的联系方式与你联系。

☐ 利用你所了解到的信息为参考，并完善保真度更高的试验。

联系

• 价值主张来自你的价值图。

• 解决方案来自价值图的产品和服务部分。将解决方案放在价值主张之下，以便客户了解你将如何交付产品和服务。

• 痛点来自你的客户画像。选取排名前三位的痛点，并将其列入宣传册。

宣传册

195

◉ ●○○○○

成本

如果你自己能使用文字处理软件并具备基本的设计技能，实物宣传册的成本就很低。如果你决定将实物宣传册的制作外包给专业机构或设计师，成本就会随之上升。

◷ ●●●○○

准备时间

如果你具备相应的技能，一本宣传册应该只需要1~2天的时间来准备和制作。其中包括设定宣传册的假设，从价值主张画布中提取概念，编写内容，以及配上插图所需的时间。如果你没有这些技能，则可能要花1~2周的时间。

⏱ ●●○○○

运行时间

和客户一起测试你的宣传册通常很快，只需要15分钟左右。宣传册可以用在各类访谈中，无论你的客户身处街边、咖啡馆，还是在会议上等。

⚖ ●●●○○

证据强度

 # 浏览宣传册的人数

 # 拿走宣传册的人数

 # 访谈次数

 # 联系你的人数

电子邮件转化率

电话转化率

你可以通过以下方式来计算转化率：转化率=采取行动的人数÷获得宣传册的人数。

宣传册的转化率因行业和客户群而异；但是，如果宣传册针对的是一个非常具体的客户群，你就应该期待一个强烈的信号，即行为召唤的转化率在15%或以上。

当客户采取行动联系你时，这是一个很好的信号，表明你方向正确。这可不同于在着陆页填上电子邮件信息。在一本有行为召唤的宣传册上，客户需要有更强的意愿，才会把宣传册带回家，通读一遍，然后打电话或发邮件给你，了解你所提供的价值主张。

✂ ▣ ⬡ ⚒ ▤ ✐ ◁ ⚲ ☌

能力

设计/市场营销/研究

宣传册试验需要设计能力，用高质量的图像和设计风格，创造一种引人注目的视觉体验。如果你做不到这一点，可能会在测试中得到错误的消极信息：人们不相信你的价值主张是真的。宣传册的另一个重要方面是文本和内容。你需要能够写出清晰、简洁的句子，并以此引起客户的共鸣。

必要条件

客户获取计划

宣传册与在线试验不同：你需要与人实际互动来分发宣传册。在宣传册制作完成之前，你要对你想实现的目标和在哪里找到客户有一个计划。头脑风暴一下要去的地点，例如：

- 会议场所。
- 聚会。
- 活动。
- 咖啡馆。
- 商店。
- 挨家挨户发放。

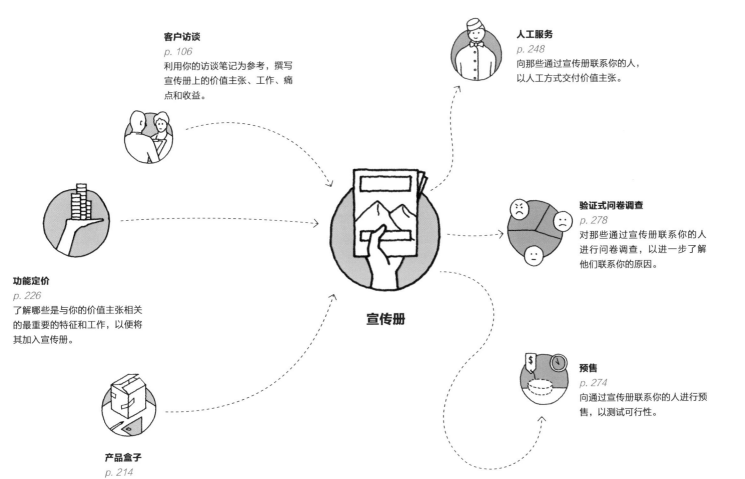

客户访谈

p. 106

利用你的访谈笔记为参考，撰写
宣传册上的价值主张、工作、痛
点和收益。

人工服务

p. 248

向那些通过宣传册联系你的人，
以人工方式交付价值主张。

功能定价

p. 226

了解哪些是与你的价值主张相关
的最重要的特征和工作，以便将
其加入宣传册。

验证式问卷调查

p. 278

对那些通过宣传册联系你的人
进行问卷调查，以进一步了解
他们联系你的原因。

宣传册

预售

p. 274

向通过宣传册联系你的人进行预
售，以测试可行性。

产品盒子

p. 214

首先与你的潜在客户一起进行产
品盒子试验，并将结果作为宣传
册价值主张的参考。

宣传册

一种新型保险

农场和牧场保险

美国家庭保险集团是一家私有制互助公司，主要从事财产险、意外险和车险业务。作为一家保险公司，他们非常了解风险，不希望把保险产品做得太复杂，导致没有人愿意购买。在本案例中，商业农场和牧场部正在寻找适合新市场的抗风险产品。

过去，这个团队曾使用Facebook/谷歌广告将流量引向着陆页，这是一个很好的组合，但很难在网上锁定农民，而且该团队没有获得足够的定性洞察。因此，他们决定进行实景模拟，并在一个大型农业展会上与农民面对面地交流。

假设

农场和牧场部团队相信……

团队相信，农民需要一种新型的金融/保险类抗风险产品。

试验

用实物宣传册进行实景模拟。

团队前往密苏里州的一个农业贸易展，分发专业的实物宣传册，其中明确阐述了价值主张和解决方案。他们做出行为召唤，刺激观展人员通过电话或电子邮件与团队取得联系，以获得更多信息。

该团队筛选出了中小型养牛户和玉米种植户。

他们的目标指标是20%的目标农民（中小型养牛户和玉米种植户）会采取行动——打电话或发电子邮件。

证据

使用宣传册的转化率。

在收到宣传册的目标农民中，有15%打电话或发电子邮件要求得到更多信息。

与农民交谈，并在面对面的交谈中获得他们对宣传册的反馈，都属于定性了解。

洞察

对不同类型的农民进行细分，以获得更强有力的价值主张。

基于指标和对话中的情绪表达，养牛户的痛点似乎比玉米种植户更大。

为了解决问题，农民们现在的做法是去银行再申请一笔贷款/信用额度，但他们觉得这样做有风险。

一些针对农民的银行/信用合作社对这个概念感兴趣。团队可以探索这些机构能否作为渠道。

行动

缩小范围，聚焦养牛户。

团队完善了价值主张和市场营销方法，使之更适合养牛户。接下来，他们重新进行了试验，看看专注于某个更细分的客户群是否会得到一个更明确的验证信号。

发现/讨论原型

解说视频

一段短视频，重点是以简洁明了、引人入胜的方式解释一个商业创意的价值主张。

🪙 ●●●○○	⚖️ ●●●◉○○	
成本	**证据强度**	
🕐 ●●●○○	⏱️ ●●●●●○	
准备时间	**运行时间**	

⊞ ✉ ◐

需求性 · 可行性 · 收益性

解说视频适用于快速地向大量客户解释价值主张。

✂️ ▢ ⊡ ⌄ 🗄 🏷 📢 🔍 📊

能力 *设计/产品/技术*

准备

☐ 为你的解说视频写一个脚本。

☐ 参考价值主张画布中的相关信息，来优化脚本和视觉效果。

☐ 创建你的解说视频。

☐ 把视频上传到社交媒体平台、视频平台、电子邮件或着陆页。

☐ 测试一下视频分析软件和行为召唤链接是否有效。

执行

☐ 向公众发布你的视频。

☐ 将流量引到你的视频上。

☐ 如果你启用了评论功能，可以与公众就他们关于解决方案的问题进行互动。

分析

☐ 视频的浏览量和分享量是多少?

☐ 点击率是多少?

☐ 通过视频着陆到你的目的地的人，是否能够转化?

☐ 利用你所了解到的信息，来调整视频内容。常见的做法是，根据你的目标客户和平台，制作不同版本的视频。

联系

• 以客户画像中的首要痛点为片头。

• 针对价值图中的痛点，介绍你的解决方案。

• 基于客户画像来说明，通过解决这些痛点，你能获得哪些收益。

• 用一个带有行为召唤的链接作为视频的结尾，以衡量需求性。

⬤ ●●●○○
成本

解说视频的成本相对较低，但会随着制作价值的提升而迅速提高。有许多产品可以制作出一段看起来不错的解说视频，但如果你想脱颖而出，很可能需要专业的视频拍摄。你还应该将为解说视频引流的成本视为成本的一部分。

🕐 ●●●○○
准备时间

好的解说视频需要几天或几周的时间来准备。你需要考虑如何清楚地表述你的价值主张，写一个脚本，并进行多次拍摄和剪辑。

 ●●●●○
运行时间

解说视频的运行时间相对较长，从几周到几个月不等，除非视频引发裂变式传播。虽然快速蹿红的视频会引发热议，但这往往是可遇不可求的。大部分解说视频需要做大量的工作来引流，甚至需要付费广告和社交媒体双管齐下。

⚖️ ●●●○○
证据强度

●●○○○
独立浏览数

该视频有多少独立浏览数，以及来自哪些转介绍渠道。

分享数

该视频有多少次分享，通过什么平台。

独立浏览数和分享数是相对较弱的证据。

●●●○○
点击率

点击率=视频链接的点击次数÷观看次数。

点击率是更有力的证据，表明人们通过点击链接了解更多信息。

●●○○○
评论

浏览者在可用性、价格和工作原理等方面对视频做出评论。

评论是相对较弱的证据，但有时会是不错的定性洞察。

🗡️🧊🕸️✂️🗄️🖊️📣🔍🥧
能力
设计/产品/技术

你需要有能力写出一个吸引人的解说视频脚本，制作并剪辑视频，然后分享和推广给你的目标受众。解说视频需要一个清晰的行为召唤，通常在结尾以链接形式出现，以鼓励你的受众点击并了解更多信息。

必要条件
流量

无论是发布在视频平台上还是着陆页上，解说视频都需要流量来产生证据。

- 在线广告。
- 社交媒体宣传。
- 电子邮件宣传。
- 现有流量重新定向（Redirecting）导流。
- 口碑传播。
- 在线论坛。

数据表格

p. 190

创建一份数据表格，解释你所提
出的解决方案的性能表现和产品
参数。

电子邮件宣传

p. 162

联系注册的人并对其进行访谈，
了解他们为什么喜欢这个视频。

故事板

p. 186

使用插图测试不同的事件顺序，
为你的解说视频提供参考。

解说视频

假装拥有

p. 208

为你的解决方案创建一个无实际
功能的原型，看看你是否有意愿
在真实情况下使用它。

简版着陆页

p. 260

为解说视频结尾处的行为召唤链
接创建一个简版着陆页，作为链
接的目的地。

卡片分类

p. 222

引导卡片分类，以便更好地了
解不同的顺序对解决客户需求的
帮助。

发现/讨论原型

竞品测试

用既有的竞品进行客户测试，以收集客户对价值主张的洞察。

成本 ●●○○○	⚖ 证据强度 ●●●○○

🕐 准备时间 ●●○○○	⏱ 运行时间 ●●○○○

需求性 · 可行性 · 收益性

竞品测试适用于在现有市场中，与潜在客户一起寻找未被满足的需求，而无须制造任何东西。

竞品测试不适用于剥离原有品牌，并把某个产品当作自有产品来测试。

能力 *产品/市场营销/研究*

准备

☐ 选定一个与你的创意有关的、未完全满足客户需求的产品来进行测试。

☐ 创建一个用于客户测试的脚本。

☐ 招募参与产品测试并同意被录像的客户。

☐ 安排竞品测试试验。

☐ 准备竞品测试的试验地点以及竞争对手的产品。

执行

☐ 分享脚本并解释目标。

☐ 录制试验过程，并记录参与者说了什么，在哪里被卡住了，以及他们需要多长时间来完成任务。

☐ 结束试验并感谢参与者。

分析

☐ 与团队一起回顾你的笔记。

· 哪些任务未完成？哪些任务花费时间最长？哪些任务引起了最大的挫败感？

☐ 为竞品创建一个价值主张画布，指出它们在哪些方面存在偏差。

☐ 利用这些信息为你后续的试验提供参考，以了解更多信息。

将竞品重新包装为自家产品的风险

我们一直在观察竞品测试和它衍生的变形试验，后者有时被称为冒牌柔道（Imposter Judo）。虽然有时这类技术在定义上差异很大，但我们一致认为，为了客户测试而重新包装竞品，风险过大。

这类技术通常包括克隆某个竞品，剥离原先的品牌，代之以你的品牌或某个虚构的品牌。

这涉及法律和道德问题，我们建议不要这样做，尤其是那些成熟的企业或在严格的监管环境中运营的企业。

有意思的是，我们看到大企业和初创企业都在使用竞品测试，并保留竞品的品牌，以了解未被满足的需求。

大企业会针对热门的新兴初创企业进行竞品测试。

初创企业则将它们的竞品测试试验对准树大根深的老牌企业。

竞品试验

讨论原型

⬭ ●●○○○○

成本

竞品测试是一个低成本的试验，将人们引向竞品而无须制造任何东西。发生的所有成本都与寻找参与测试的客户和录制试验过程有关。

 ●●○○○○

准备时间

竞品测试的准备时间很短，因为你只需要找到参与者，并安排他们参与测试。

 ●●○○○○

运行时间

竞品测试的运行时间很短，因为每次测试不应超过30分钟。即使你安排了多个测试，整个过程也只需要几天时间就能完成。

⚖ ●●○○○○

证据强度

●●●○○

任务完成率
任务完成时间

任务完成率=任务完成的次数÷尝试的次数。

任务完成时间即完成一项任务的平均时间。

在证据中存在这种情况：理想的价值主张与一般客户的真实体验存在差异，你要找到二者的差距和未被满足的需求。

测试现有竞品，得出的证据是比较有力的——因为你正在衡量产品使用中的实际行为。

●○○○○

客户反馈

客户在易用性和未被满足的需求方面的原话。

找到客户期望产品拥有的功能与产品实际拥有的功能之间的差距。

客户反馈是相对较弱的证据，但它有助于确定可以探索哪些未被满足的需求。

能力

产品/市场营销/研究

竞品测试需要的能力包括：选择一个合适的产品，编写一份脚本，招募参与者来进行测试，录制试验过程，以及综合分析试验结果。这些能力大部分属于产品、市场营销和研究方面的能力。就像访谈一样，如果有可能，以上步骤建议由两人结对执行。

必要条件

现有的产品

在你安排竞品测试试验之前，你需要选定用于测试的现有产品。该产品应该能让你从中学习，为你的新创意提供参考，否则你所收集的反馈就没有用了。

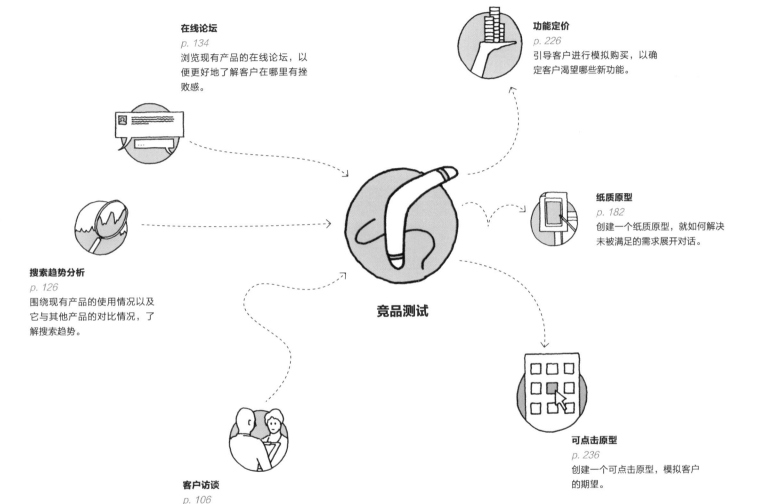

在线论坛

p. 134

浏览现有产品的在线论坛，以便更好地了解客户在哪里有挫败感。

功能定价

p. 226

引导客户进行模拟购买，以确定客户渴望哪些新功能。

纸质原型

p. 182

创建一个纸质原型，就如何解决未被满足的需求展开对话。

搜索趋势分析

p. 126

围绕现有产品的使用情况以及它与其他产品的对比情况，了解搜索趋势。

竞品测试

可点击原型

p. 236

创建一个可点击原型，模拟客户的期望。

客户访谈

p. 106

对已经在使用竞品的人进行客户访谈。

发现试验

207

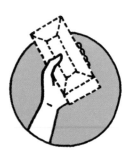

发现/讨论原型

假装拥有

创建一个无实际功能的、低保真度的解决方案原型，以确定它是否契合客户
的日常生活。该试验有时也被称为匹诺曹（Pinocchio）试验。

⬭ ●○○○○○	⚖ ●●○○○
成本	**证据强度**
🕐 ●●○○○	⏱ ●●●●○
准备时间	**运行时间**

✂ ▣ ⬡ ⚒ ⬢ 🏷 📢 🔍 📊

能力 *设计/研究*

▦ ▷◔

需求性 · 可行性 · 收益性

*假装拥有试验适用于针对一个创意的潜在有用性，产生属于你自己的
证据。*

假装拥有

准备

☐ 在一张纸上勾勒出产品创意。

☐ 备齐针对该产品进行假装拥有试验所需的材料。

☐ 限定制作产品的时间，以避免对产品进行过度的内部迭代。

☐ 制作你为进行该试验所用的产品。

☐ 创建一份试验日志来追踪你的使用情况等指标。

执行

☐ 运行你的假装拥有试验，使用时要把试验产品当作真实可用的产品。

☐ 在试验日志中追踪你的使用情况。

分析

☐ 回顾日志中的以下事件：

• 你使用了多少次？

• 产品有哪些方面导致你难以使用，或者使用起来过于烦琐？

☐ 利用你的发现，为保真度更高的试验提供参考。

成本

假装拥有试验的成本非常低，因为你使用的是现成的材料，如木材和纸张。成本可能会随着产品尺寸和复杂程度而增加。

准备时间

假装拥有试验的准备时间是几分钟到几小时。你决不会想要过度地迭代内部设计，只要有大致的轮廓和用户界面即可。

运行时间

假装拥有试验的运行时间可以是几个星期到几个月，这取决于创意的性质。为了达到对产品（几乎）信以为真的程度，你需要测试很长一段时间。

证据强度

你什么时候使用它？

试验日志

使用电子表格，追踪产品的可用时长和你认为它对你有用的次数。

记录产品用途的类型以及相应的场景。总体的使用情况是相对较弱的证据，但你会得到第一手的洞察，可以帮助你塑造创意和价值主张。

能力

设计/研究

在进行假装拥有试验时，基本的设计和研究技能很有帮助。你需要能够创建一个粗略的仿制品，然后记录你在一段时间内的活动。

必要条件

假装拥有试验并不需要一大堆条件才能启动：只需要一个你想验证的创意，以及一点创造力来为创意创建一个无实际功能的仿制品。

客户访谈

p. 106

利用你的访谈笔记，为你的假装拥有试验的设计和情景提供参考。

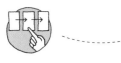

故事板

p. 186

使用插图测试不同的事件顺序，为假装拥有试验提供参考。

假装拥有

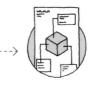

实际大小的原型

p. 254

为解决方案制作一个保真度更高的、实际大小的原型。

数据表格

p. 190

编写一份数据表格，列明解决方案应当包含的产品参数。

宣传册

p. 194

制作一本宣传册，表述解决方案的价值主张，以便与客户一起进行测试。

假装拥有

211

假装拥有

木制 Palm Pilot 掌上电脑

Palm 掌上电脑公司

在 Palm Pilot 掌上电脑诞生之前，杰夫·霍金斯（Jeff Hawkins）想衡量一下该产品的需求性。之前，他看到有可行的个人数字助理（PDA）面市，但因需求量不大，最终损失惨重。

杰夫·霍金斯按照设想中产品的整体尺寸，切割出一个木块，并按照自己的想象打印出一个简单的用户界面。他把打印出来的界面贴在木块上，用一根木筷子作为触控笔。这一切只用几个小时就完成了。然后，在工作时他就把它放在口袋里，持续了好几个月，以确定该价值主张在真实情况下的需求性。

当有人预订会议或问他电子邮件时，他就从口袋里掏出木块，用筷子敲击它，再把它收起来。

反复多次试验，当他觉得真正的产品会很有用时，才决定继续推进Palm Pilot的产品开发。

📋

证据

Palm Pilot的试验日志

- 95%的时间将设备放在口袋里
- 平均12次把它拿出来使用
- 用于安排会议的时间：55%
- 用于查阅电话号码或地址的时间：25%
- 用于添加或检查待办事项的时间：15%
- 用于做笔记的时间：5%

摘编自阿尔贝托·索维亚（Alberto Savoia）的《做对产品》

✔正确做法

☐ *在设计过程中，尽快创建无实际功能的仿制品。*

☐ *因陋就简，使用低成本、随手可得的手工材料。*

☐ *利用你的创意灵感，假装它在真实情况下发挥作用。*

☐ *将你的互动行为记录下来，无论是实体的还是数字的行为。*

✘错误做法

- *花费大量的金钱和时间来制作仿制品。*
- *选择把这种技术用在又大又昂贵的产品上。*
- *在真实情况下，不好意思随身携带仿制品。*
- *忘记享受过程中的乐趣。*

213

发现/偏好和优先次序

产品盒子

与客户一起使用的一种引导技术，将价值主张、主要功能和核心收益以
可视化的形式体现在一个实体的盒子上。

 ●●○○○
成本

⚖ ●●○○○
证据强度

🕐 ●●○○○
准备时间

⏱ ●○○○○
运行时间

▦ ✉◕
需求性 · 可行性 · 收益性

产品盒子适用于完善你的价值主张，并专注于解决方案的关键功能。

能力 设计/产品/研究

准备

☐ 招募15~20位目标客户并将其分为几组（桌）。

☐ 布置房间，为每张桌子准备好盒子和相关用品。

执行

☐ 设定要探索的领域，作为活动的开场。

☐ 让每一桌为他们愿意购买的产品创意设计一个盒子。

☐ 让他们把想象中产品的信息、功能和收益写在盒子上。

☐ 每个团队要假装在贸易展上销售想象中的产品。你扮演一位挑剔的客户，由他们轮流向你推销产品。

☐ 在推销过程中，记录下关键信息、功能和收益。

分析报告

☐ 和你的团队一起进行复盘。各个团队强调了其产品的什么方面优于其他人的产品？

☐ 根据你所了解到的信息，更新你的价值主张画布。这可以作为未来试验的基础。

产品盒子

215

要了解更多关于产品盒子的信息，我们强烈推荐阅读卢克·霍曼（Luke Hohmann）的《创新游戏》。

成本

运行产品盒子试验的成本相对较低。你需要的材料成本很低，而且在文具店都可以买到。你会用到纸板箱和用于装饰盒子的材料——彩色记号笔、纸和便利贴。

准备时间

产品盒子试验的准备时间相对较短，你只需要招募客户来参加，采购相关用品并布置好房间就可以了。

运行时间

产品盒子试验的运行时间非常短。你可以在不到1小时内完成。

证据强度

●●○○○

价值主张

客户的工作

客户的痛点

客户的收益

收集并整理参与者提出的关键客户的工作、痛点和收益。突出显示每一项中的前三名。

记录参与者的价值主张信息，作为参考。

产品盒子试验的结果是相对较弱的证据，但它们可以用来为后续的试验定型并提供参考。

●●○○○

客户反馈

客户原话

客户反馈不限于客户的工作、痛点和收益，还要记下其他方面的客户原话。

客户原话是相对较弱的证据，但有助于为后续的试验带来背景信息和定性洞察。

能力

设计/产品/研究

经过一些练习之后，几乎任何人都可以引导产品盒子试验。但如果你有设计、产品和研究能力，将会更有帮助，毕竟你要评估产出，并在必要时为客户提供灵感。

必要条件

创意和目标客户

产品盒子试验的要求并不多，不过你最好能够在脑海中先有创意和目标客户。如果没有，试验过程可能会变得很宽泛，结果也很难解读。

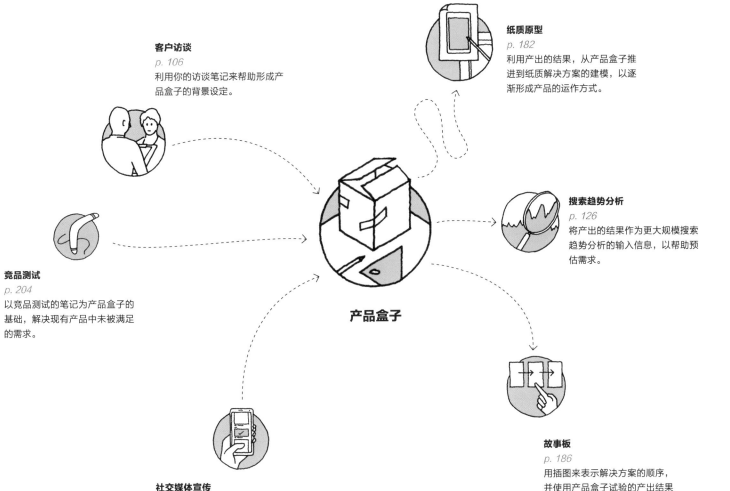

纸质原型

p. 182

利用产出的结果，从产品盒子推进到纸质解决方案的建模，以逐渐形成产品的运作方式。

客户访谈

p. 106

利用你的访谈笔记来帮助形成产品盒子的背景设定。

搜索趋势分析

p. 126

将产出的结果作为更大规模搜索趋势分析的输入信息，以帮助预估需求。

竞品测试

p. 204

以竞品测试的笔记为产品盒子的基础，解决现有产品中未被满足的需求。

产品盒子

故事板

p. 186

用插图来表示解决方案的顺序，并使用产品盒子试验的产出结果来测试这一顺序。

社交媒体宣传

p. 168

利用社交媒体来为你的产品盒子试验招募人员。

产品盒子

217

发现/偏好和优先次序

快艇试验

一种视觉游戏技术，用来确定在客户使用产品的过程中阻碍他们的因素。

⬬ ●●○○○
成本

⚖ ●●●○○
证据强度

🕐 ●●○○○
准备时间

⏱ ●○○○○
运行时间

🗗 ✉ ◁
需求性 · 可行性 · 收益性

快艇试验适用于用超越对话形式的视觉形式表现是什么在阻碍着客户，并了解这些阻碍因素对可行性有怎样的影响。

✂⬢⬡ ⟡ ⬢ ◿ ◁ ⚲ ◔
能力 设计/产品/技术

快艇试验

1. 招募

☐ 招募15~20名使用你现有产品的客户。

2. 准备

☐ 如果快艇试验是在现场进行的，你需要一张快艇的图片和一些卡片。如果试验是远程进行的，那么你需要设置一个有快艇图像的虚拟白板，和一个可供客户在线书写的虚拟卡片。

3. 引导

☐ 给每个客户几分钟的时间思考，请他们写下快艇的船锚。在客户把船锚放在快艇周围之后，记下它们的位置。如果是以不同方式重复相同内容的船锚，就把它们集中到一起。船锚的位置越深，就表明这个船锚相对更容易拖慢进度。要注意与小组一起检查每张卡片，但要避免试图解决或提供反馈，否则会把小组带偏，也会让结果产生偏差。

4. 分析

☐ 当快艇试验结束，客户离开后，团队一起给每个船锚评估严重性和紧迫性。有些你可能想要马上解决，有些则可以完全忽略。在处理完船锚之后，这些结果应该成为后续试验的输入信息。

要了解更多关于快艇试验的信息，我们强烈推荐阅读卢克·霍曼的《创新游戏》。

成本

快艇试验的成本相对较低。你需要的材料是一张快艇的图片、一些书写工具和卡片。如果你选择远程进行试验，那么你需要使用某种虚拟产品，这可能会稍微增加些成本。

准备时间

快艇试验的准备时间相对较短，你只需要招募客户参加，并查看各种现有的支持数据就可以了，这些数据能帮你确定在试验中要寻找的证据。

运行时间

快艇试验的运行时间非常短。在多个客户参与的情况下，它需要1~2个小时。

证据强度

船锚
严重性
紧迫性

严重且紧迫的船锚数量

严重和紧急的船锚数量越多，你的价值图与客户画像之间的差距就越大。

快艇试验的结果仍然是相对较弱的证据，但比简单地与客户交谈要强。因为你是在厘清具体是什么让你的产品无法实现价值主张。

客户反馈
客户原话

除了船锚，你还要收集客户原话，以便更好地了解客户在遇到产品问题时所处的场景。

客户原话是相对较弱的证据，但有助于为你的产品带来背景信息和定性洞察。

能力

设计/产品/技术

除了要具备引导能力（不一定要特定的角色担任引导员），你还需要合适的人来评价船锚的严重性和紧迫性。每个船锚的权重各不相同，有些需要你马上解决，而有些你可以完全忽略。

必要条件

引导技巧

快艇试验需要一定的引导技巧，特别是在面对一群会抱怨你产品的客户时。你需要在试验开始前放低姿态，并有提炼总结出特定船锚的技巧。如果你觉得自己太贴近产品而无法做到这一点，那么我们建议引入中立的第三方主持人来引导试验。

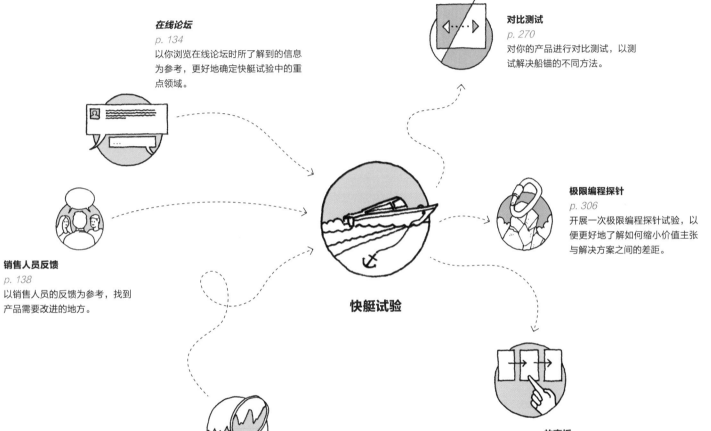

在线论坛

p. 134

以你浏览在线论坛时所了解到的信息
为参考,更好地确定快艇试验中的重
点领域。

对比测试

p. 270

对你的产品进行对比测试,以测
试解决船锚的不同方法。

销售人员反馈

p. 138

以销售人员的反馈为参考,找到
产品需要改进的地方。

极限编程探针

p. 306

开展一次极限编程探针试验,以
便更好地了解如何缩小价值主张
与解决方案之间的差距。

快艇试验

故事板

p. 186

使用故事板测试解决方案的不同顺
序,以便为船锚设计解决方案。

搜索趋势分析

p. 126

在网上搜索抱怨产品的客户的
数量。

快艇试验

221

发现/偏好和优先次序

卡片分类

用户体验设计中的一种技术，用卡片与客户进行交流，以产生洞察。

🥮 ●●○○○	⚖ ●●○○○
成本	**证据强度**
🕐 ●●○○○	⏱ ●○○○○
准备时间	**运行时间**

能力 *市场营销/研究*

需求性 · 可行性 · 收益性

卡片分类试验适用于获取关于客户的工作、痛点、收益和价值主张的洞察。

1. 招募

☐ 招募15~20名现有或目标客户参加卡片分类试验。

2. 准备

☐ 如果试验是在现场进行的,你需要为客户的工作、痛点和收益制作卡片,并准备供客户填写的空白卡片。如果试验是远程进行的,那么你需要设置虚拟白板,上面有你已经制作好的卡片以及空白卡片。

3. 引导

☐ 向参与者解释你在市场上看到的客户的工作、痛点和收益的类别。让参与者将做好的卡片归到各类别,并对它们进行排序。鼓励他们在归类和排序的同时大声说出心中的想法。询问参与者是否有遗漏的工作、痛点或收益,如果有的话,让参与者写下来并将其加入到序列中。在试验期间,安排另一名成员在你身边做记录,以获得定性洞察。

4. 分析

☐ 卡片分类结束后,找出你发现的主题,并对客户的工作、痛点和收益,分别统计出参与者排出的前三名。更新或创建你的价值主张画布,以反映最新的发现,这有助于为后续的试验提供参考。

成本

卡片分类试验的成本相对较低。如果试验是在现场进行的，那么唯一需要的材料就是卡片。如果是通过视频远程进行的，那就需要低成本或免费的虚拟白板软件。

准备时间

卡片分类试验的准备时间相对较短。你只需要设定卡片的内容并招募参与者（客户）。

运行时间

卡片分类试验的运行时间非常短。你可以在一个小时之内完成。

证据强度

●●○○○○

客户的工作
客户的痛点
客户的收益
排名前三的工作、痛点和收益，以及它们分属的主题。

卡片分类的分组和排名结果是相对较弱的证据，因为试验是在实验室环境中进行的。不过，它可以为聚焦行动的高保真度功能试验提供参考。

●●○○○

客户反馈
客户原话

客户反馈不限于客户的工作、痛点和收益，还要记下其他方面客户的原话。

客户原话是相对较弱的证据，但有助于为后续的试验带来背景信息和定性洞察。

能力

市场营销/研究

经过一些练习之后，几乎任何人都可以引导卡片分类试验。如果你有市场营销和研究能力，将会更有帮助，因为你要招募合适的客户，并分析所创建的类别和排名。

必要条件

目标客户

卡片分类试验对既有客户的效果最好，但它也可以用于了解某一类潜在的细分客户。两者都需要你进一步思考客户的工作、痛点和收益，这样获得的结果才可以更好地为你的价值主张画布和后续的试验提供参考。

销售人员反馈

p. 138

根据销售人员的反馈，考虑在卡片分类试验中应包含哪些卡片。

故事板

p. 186

创建一个故事板来描绘一种解决方案，以解决客户的工作、痛点和收益问题。

解说视频

p. 200

制作一个解说视频，讲述你的解决方案如何解决客户的工作、痛点和收益问题。

客户支持分析

p. 142

以客户支持数据为参考，了解在卡片分类试验中应包含哪些卡片。

卡片分类

在线论坛

p. 134

搜索在线论坛，看看客户有哪些未被满足的需求，为你制作卡片提供参考。

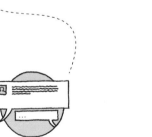

纸质原型

p. 182

创建一个纸质原型，说明解决方案如何解决客户的工作、痛点和收益问题。

发现/偏好和优先次序

功能定价

这种试验技术是指在一个给定的产品上，人们用模拟货币来购买他们期待实现的某些功能。

⊜ ●●○○○○	⚖ ●●●○○○
成本	证据强度

🕐 ●●○○○	⏱ ●○○○○
准备时间	运行时间

🗂 📐 ⚏ ⚒ 🗄 🏷 📢 🔍 🥧

能力 设计/产品/研究

🏙 📩 ◔

需求性 · 可行性 · 收益性

功能定价试验适用于确定功能的优先次序，以及细化客户的工作、痛点和收益。

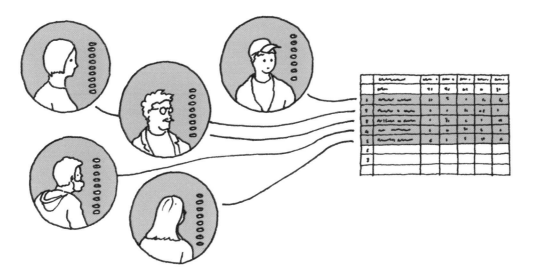

1. 招募

☐ 招募15~20个目标客户。

2. 准备

☐ 在房间里准备好游戏币、记录卡片和网格纸。

3. 设计

☐ 向客户解释这是一个假想的环境。介绍包含15~30个功能的清单和可用的游戏资金预算。

4. 购买

☐ 每个客户将他们的预算分配给想要的功能。他们可以与其他人合作以获得更多的功能。重要的是，不要在客户选择功能时提供反馈，以免影响客户的选择。

5. 分析

☐ 在网格纸上计算哪些功能收到了最多的游戏币。

要了解更多关于功能定价的信息，我们强烈推荐阅读卢克·霍曼的《创新游戏》。

成本

功能定价试验的成本相对较低。如果试验是在现场进行的，那么需要准备的材料只是游戏币、记录卡和网格纸。如果是通过视频远程进行的，那么你将需要低成本或免费的虚拟白板软件。

准备时间

功能定价试验的准备时间可能需要几天。你需要招募客户，购买相关用品，并布置好房间。你的大部分时间将用于设定功能并为之定价。

运行时间

功能定价试验的运行时间非常短。你可以在一个小时之内完成。

证据强度

功能排名

客户的工作

客户的痛点

客户的收益

客户购买最多的前三项功能。

注意所提到的所有客户的工作、痛点和收益，这些都是推动客户优先选择产品的因素。

功能定价试验的结果是相对较弱的证据，因为它是在实验室环境中进行的。不过，它可以为聚焦行动的高保真度功能试验提供参考。

客户反馈

客户原话

客户反馈不限于客户的工作、痛点和收益，还要记下其他方面客户的原话。

客户原话是相对较弱的证据，但有助于为后续的试验带来背景信息和定性洞察。

能力

设计/产品/研究

经过一些练习之后，几乎任何人都可以引导功能定价试验。然而，如果你具备设计、产品和研究的能力，将会更有帮助，因为你要评估产出，并在必要时为客户提供灵感。

必要条件

功能列表和目标客户

功能定价试验要求你深入思考产品要包括哪些功能，也要求客户对产品有一定的了解，否则他们的排名对你来说帮助不大。

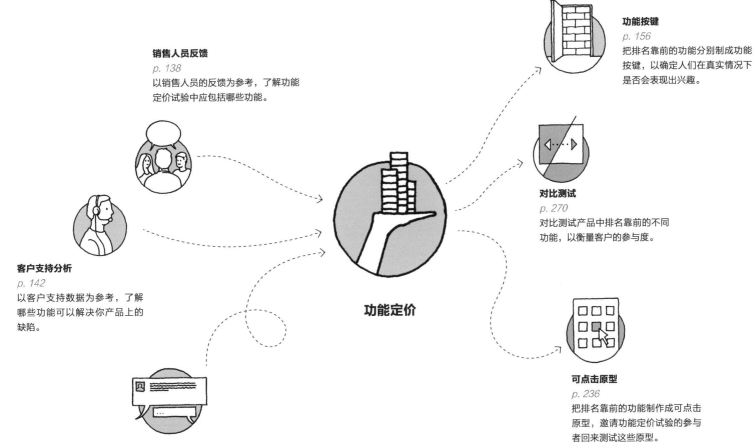

销售人员反馈

p. 138

以销售人员的反馈为参考，了解功能
定价试验中应包括哪些功能。

功能按键

p. 156

把排名靠前的功能分别制成功能
按键，以确定人们在真实情况下
是否会表现出兴趣。

客户支持分析

p. 142

以客户支持数据为参考，了解
哪些功能可以解决你产品上的
缺陷。

对比测试

p. 270

对比测试产品中排名靠前的不同
功能，以衡量客户的参与度。

功能定价

可点击原型

p. 236

把排名靠前的功能制作成可点击
原型，邀请功能定价试验的参与
者回来测试这些原型。

在线论坛

p. 134

搜索在线论坛，看看客户有哪些
未被满足的需求，为设计你的功
能列表提供参考。

功能定价

偏好和优先次序

"发明不是颠覆性的。
唯有被客户接纳才是颠覆性的。"

————

杰夫·贝佐斯
企业家和慈善家，亚马逊公司创始人

模块 3　试验

3.3　验证

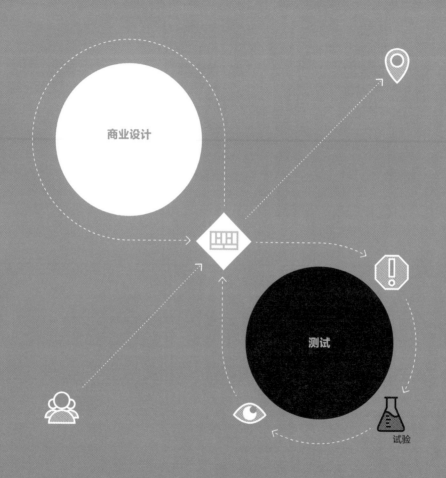

创意

业务

搜索和测试	执行

发现
发现你的大方向是否正确。测试
基本假设。获得第一手洞察，以
快速校正方向。

验证
验证你所选择的方向。用强有力
的证据证明你的商业创意很有可
能成功。

本书中的发现和验证阶段以史
蒂夫·布兰克的开创性著作
《四步创业法》为基础建立。
史蒂夫和鲍勃·多夫在《创业
者手册》中对这些阶段进行了
详细阐述。这两本书都是必读
书，是现代创业思维发展的里
程碑。

验证型试验

试验类型	试验名称
互动原型	可点击原型 *p. 236* 单一功能MVP *p. 240* 混搭MVP *p. 244* 人工服务 *p. 248* 实际大小的原型 *p. 254*
行为召唤	简版着陆页 *p. 260* 众筹 *p. 266* 对比测试 *p. 270* 预售 *p. 274* 验证式问卷调查 *p. 278*
模拟	隐身服务 *p. 284* 模拟销售 *p. 288* 意向书 *p. 294* 快闪店 *p. 300* 极限编程探针 *p. 306*

⊖ 成本	🕐 准备时间	⏱ 运行时间	⚖ 证据强度	主题
●●○○○	●●○○○	●●○○○	●●○○○	需求性 · 可行性 · 收益性
●●○○○	●●●○○	●●●●○	●●●●●	需求性 · 可行性 · 收益性
●●●○○	●●●○○	●●●●○	●●●●●	需求性 · 可行性 · 收益性
●○○○○	●●○○○	●●●○○	●●●●●	需求性 · 可行性 · 收益性
●●●●●	●●●●○	●●●○○	●●○○○	需求性 · 可行性 · 收益性
●●○○○	●●○○○	●●●○○	●●○○○	需求性 · 可行性 · 收益性
●●●●●	●●●●○	●●●●○	●●○○○	需求性 · 可行性 · 收益性
●●○○○	●●○○○	●●●○○	●●●○○	需求性 · 可行性 · 收益性
●●●○○	●●○○○	●●●○○	●●●●●	需求性 · 可行性 · 收益性
●●○○○	●●○○○	●●●○○	●○○○○	需求性 · 可行性 · 收益性
●●○○○	●●●○○	●●●○○	●●●●●	需求性 · 可行性 · 收益性
●●○○○	●●○○○	●●●●○	●●○○○	需求性 · 可行性 · 收益性
●○○○○	●○○○○	●●○○○	●○○○○	需求性 · 可行性 · 收益性
●●●●○	●●●○○	●●○○○	●●○○○	需求性 · 可行性 · 收益性
●●○○○	●○○○○	●●○○○	●●●●●	需求性 · 可行性 · 收益性

可点击原型

带有可点击区域的数字界面的原型，用以模拟软件对客户互动做出的反应。

成本 ●●○○○○	证据强度 ●●○○○○	

需求性 · 可行性 · 收益性

可点击原型适用于在客户身上快速测试产品概念，它比纸质原型的保真度更高。

准备时间 ●●○○○○	运行时间 ●●○○○○

可点击原型不适合作为一种替代手段，来测试对客户而言是否具有合理的实用性。

能力 设计/产品/技术/研究

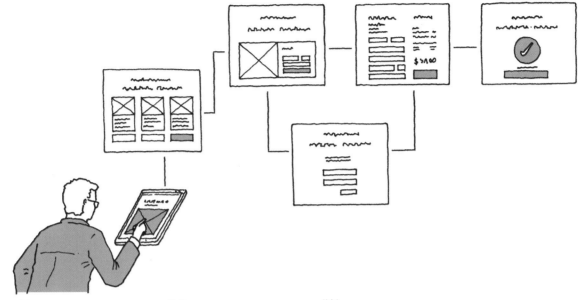

准备

☐ 为可点击原型试验设定目标。

☐ 确定要测试的目标受众，最好是一群有相关知识，又不了解你的产品的使用场景的人。

☐ 编写脚本。

☐ 创建标有热点区域的可点击原型的屏幕画面。

☐ 在内部进行测试，以确保互动的效果。

☐ 安排面向目标客户的可点击原型试验。

执行

☐ 向客户解释这一试验如何进行，以及试验的目的是获得他们的反馈，试验对象是你计划交付的产品。确保他们清楚你重视他们的意见。

☐ 一名成员对客户进行访谈并与他们互动。

☐ 另一名成员记笔记，充当记录员。

☐ 结束试验并感谢参与试验的客户。

分析

☐ 将草图贴在墙上，并将你的访谈记录、观察结果和原话贴在周围。

☐ 客户在哪一步卡住了或觉得困惑了？

☐ 客户对什么感到兴奋？

☐ 利用这些反馈信息，为你的下一次试验提供参考。

成本

可点击原型试验的成本比纸质原型试验略高，但仍然算是低的。市面上有很多工具和模板可以帮助你快速创建一个可点击原型，而不需要自己从头开始。

准备时间

可点击原型试验的准备时间相对较短。只需要一两天的时间，就可以创建你的可点击原型。

运行时间

可点击原型试验的运行时间也很短，比如几天到一个星期。你需要在目标客户身上快速测试可点击原型，以获得其对价值主张和解决方案流程的反馈。

证据强度

●●○○○

任务完成情况

任务完成百分比。

完成任务的时间。

使用可点击原型手动完成任务不一定就是强有力的证据，但它比使用纸质原型要强一些，并能让你窥见客户可能感到困惑的地方。

●●○○○

客户反馈

对于想象中的解决方案，记下客户评价价值主张和实用性的原话。

客户关于可点击原型的原话是相对较弱的证据，但强于纸质原型试验得到的反馈。

能力

设计/产品/技术/研究

除了数字产品的创意之外，你还需要具备设计技能，以便在原型工具或模板中设计产品的外观。这就要求你会创建热点区域，一旦点击就能链接到其他模拟的屏幕。你还需要编写脚本，并录制试验的过程。

必要条件

一个数字产品的创意

可点击原型设计要求你的创意是数字化的，因为受众将点击屏幕以产生数字化的体验。在你考虑做一个可点击原型的时候，你应该对产品的流程有坚定的立场，但仍然愿意接受它是有错误的。

客户访谈

p. 106

以访谈记录为参考，为你的可点击原型编写脚本。

混搭MVP

p. 244

结合可点击原型试验和现有的技术，打造一款混搭产品。

故事板

p. 186

基于你从可点击原型试验中了解到的信息，通过故事板试验来完善你的流程。

纸质原型

p. 182

利用纸质原型的反馈，为可点击原型提供参考。

可点击原型

解说视频

p. 200

利用可点击原型试验的记录，为你的高保真度解说视频提供参考。

竞品测试

p. 204

利用竞品测试的访谈记录，为用可点击原型解决未满足的需求提供参考。

可点击原型

239

互动原型

单一功能 MVP

一种最小可行性产品（MVP），只包含测试某个假设所需的单一功能。

⬭ ●●○○○		⚖ ●●●●●	
成本		证据强度	
🕐 ●●●○○		⏱ ●●●●○	
准备时间		运行时间	

能力 设计/产品/技术/法务/财务/市场营销

需求性 · 可行性 · 收益性

单一功能MVP试验适用于了解解决方案的核心承诺能否引起客户的共鸣。

准备

☐ 针对某项具有高影响度的客户工作，设计能解决问题的最小版本的功能。

☐ 先在内部进行测试，以确保其正常运行。

☐ 为你的单一功能MVP招募客户。

执行

☐ 与客户一起进行单一功能MVP试验。

☐ 收集客户的满意度反馈。

分析

☐ 回顾你收到的客户满意度反馈。

☐ 转化了多少客户？

☐ 执行这一解决方案的成本是多少？

单一功能MVP

互动原型

241

成本

单一功能MVP试验比低保真试验的成本高一些，因为你要打造一款能向客户交付价值的保真度更高的版本。

🕐 ●●●○○○

准备时间

准备一个单一功能MVP试验可能需要1~3周。在引入客户参与前，你需要设计、创建并进行内部测试。你可能要为这个版本的产品收费，所以需要把某项功能做得非常出色。

运行时间

运行单一功能MVP试验可能需要几周或几个月。你需要运行足够长的时间，以分析定性和定量的反馈，不要过早地优化或试图扩大规模。

⚖ ●●●●●

证据强度

●●●●●

客户满意度

在获得你的单一功能MVP试验结果后，记下客户评价其满意度的原话和反馈。

在这种情况下，客户满意度是很强的证据，因为你获取的是真实向客户交付价值后的反馈，而不是假设情况下的反馈。

●●●●●

 # 购买

统计由使用单一功能MVP而引发的客户购买数量。

付费行为是强有力的证据，即使客户购买的只是单一功能MVP。

●●●●●

成本

设计、制作、交付并维护一个单一功能MVP的成本是多少？

为交付单一功能MVP所付出的成本是强有力的证据，也是未来打造可行的业务所需参考的首要指标。

能力

设计/产品/技术/法务/财务/市场营销

你需要以上所有的能力，来制作并向客户交付一项功能。这与产品的使用场景相关，即取决于你向最终客户提供的是实物还是数字产品或服务。

必要条件

证明细分客户需求的证据

单一功能MVP试验耗时更长、成本更高，交易成本也更高。在考虑进行该试验之前，你需要进行一系列较低保真度的试验，以便为功能的选择提供参考。你应该有明确的证据表明有特定的客户需求存在，而该功能可以解决这一需求。

人工服务

p. 248

利用你从人工服务试验中所了解
到的信息，为你设计相应功能提
供参考。

客户访谈

p. 106

访谈使用过该功能的人，以便更
好地了解该功能如何满足他们的
需求。

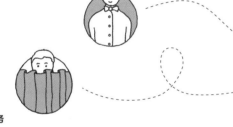

隐身服务

p. 284

利用你从隐身服务试验中了解到
的信息，为你设计相应功能提供
参考。

单一功能 MVP

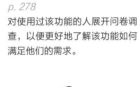

验证式问卷调查

p. 278

对使用过该功能的人展开问卷调
查，以便更好地了解该功能如何
满足他们的需求。

众筹

p. 266

发起一次众筹活动，为超越单一功能
MVP的规模扩张募集所需的资金。

简版着陆页

p. 260

创建一个简版着陆页，收集人们
对单一功能MVP试验的兴趣和意
向信息。

验证/互动原型

混搭 MVP

一种最小可行性产品，通过集成多种现有服务来交付价值。

🪙 ●●●○○ 成本	⚖️ ●●●●● 证据强度
🕐 ●●●○○ 准备时间	⏱️ ●●●●○ 运行时间

🔧♦️⚙️🗄️🏷️📢🔍📊
能力 设计/产品/技术/法务/财务/市场营销

▦ ✉️ ◔
需求性 · 可行性 · 收益性

混搭MVP试验适用于了解解决方案能否引起客户的共鸣。

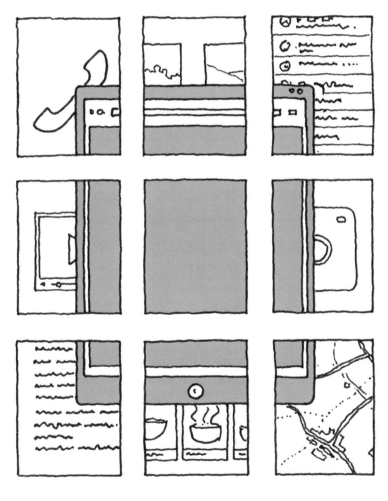

准备

☐ 规划出创造客户价值所需的流程。

☐ 评估市场上采用现有技术的产品，有哪些技术可以整合到一起以完成该流程。

☐ 整合这些零散的技术并测试产出的效果。

☐ 招募客户来参加混搭MVP试验。

执行

☐ 与客户一起进行混搭MVP试验。

☐ 收集客户的满意度反馈。

分析

☐ 回顾你收到的客户满意度反馈。

☐ 有多少客户完成全过程并购买了产品？

☐ 他们在过程中的哪一步放弃了？

☐ 是否存在因现有技术无法达到客户期望而产生的落差？

☐ 只有在体验无法令人满意或使用这些解决方案的成本不大时，才考虑搭建定制化的解决方案。

成本

混搭MVP试验比低保真度试验的成本要高一些，因为你需要把多个现有的技术组件拼合起来，以提供一个整体的解决方案。所产生的成本将用于为现有技术付费，以及花费精力把它们串联起来。

准备时间

准备一个混搭MVP试验可能需要1~3周，因为你需要评估和整合现有的技术。

运行时间

运行一个混搭MVP试验可能需要几周或几个月。你需要运行足够长的时间，以分析定性和定量的反馈，不要过早地优化或试图扩大规模。

证据强度

●●●●●

客户满意度

在获得混搭MVP试验的结果后，记下客户评价其满意度的原话和反馈。

在这种情况下，客户满意度是很强的证据，因为你获取的是真实向客户交付价值后的反馈，而不是假设情况下的反馈。

●●●●●

 # 购买

统计由使用过混搭MVP而引发的客户购买数量。

即使客户没有意识到混搭MVP只是现有技术的拼凑组合，付费行为仍是强有力的证据。

●●●●●

成本

设计、制作、交付并维护一个混搭MVP的成本是多少？

交付混搭MVP所产生的成本是强有力的证据，也是未来打造可行的业务所需参考的首要指标。

能力

设计/产品/技术/法务/财务/市场营销

你需要能够评估现有的技术，选择正确的组件，并将它们整合成一个能为客户提供其所需价值的解决方案。这并不一定要求你通晓所有技术的运作原理，但你要了解到足以把技术整合起来的程度。此外，混搭MVP也需要具备常规产品的其他各种特性。

必要条件

一个自动化的流程

混搭MVP也是一个耗时更长、成本更高的试验，其交易成本也更高。在考虑进行混搭MVP试验之前，你需要进行足够多的低保真度试验，以大致了解向客户交付价值所需的流程。利用对这一流程的认识，开始评估你可以整合哪些现有技术，以交付相应的价值。

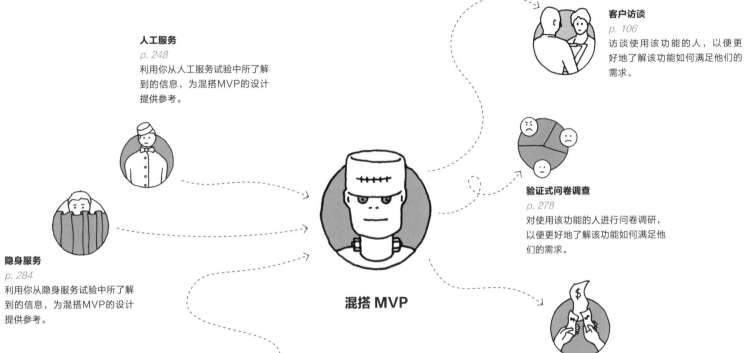

人工服务

p. 248

利用你从人工服务试验中所了解
到的信息，为混搭MVP的设计
提供参考。

客户访谈

p. 106

访谈使用该功能的人，以便更
好地了解该功能如何满足他们的
需求。

隐身服务

p. 284

利用你从隐身服务试验中所了解
到的信息，为混搭MVP的设计
提供参考。

验证式问卷调查

p. 278

对使用该功能的人进行问卷调研，
以便更好地了解该功能如何满足他
们的需求。

混搭 MVP

众筹

p. 266

发起一次众筹活动，为超越混搭
MVP的规模扩张募集所需的资金。

简版着陆页

p. 260

创建一个简版着陆页，收集人们
对混搭MVP试验的兴趣和意向
信息。

验证/互动原型

人工服务

安排人员而非使用技术手段，来打造客户体验并手动交付价值。与隐身服务
试验不同的是，提供人工服务的人员对客户来说是可见的。

成本 ●○○○○○	证据强度 ●●●●●

准备时间 ●●○○○	运行时间 ●●●○○

能力 设计/产品/技术/法务/市场营销

需求性 · 可行性 · 收益性

*人工服务试验适用于了解创造、捕获和交付客户价值所需的步骤，获
得第一手信息。*

人工服务试验不适用于产品或业务的规模化。

准备

☐ 规划手动打造产品的步骤。

☐ 创建一个看板来跟踪订单和所需的步骤。

☐ 先找一些人来测试这些步骤，以确保它们有效。

☐ 如果是在网上接收订单，要确保把分析工具整合进试验过程。否则，就需要在纸质表格或Excel表格中记录订单数字。

执行

☐ 接收人工服务试验的订单。

☐ 进行人工服务试验。

☐ 记录完成任务所需的时间。

☐ 通过访谈和问卷调查来收集客户的反馈。

分析

☐ 回顾你的客户反馈。

☐ 检查以下这些指标：

• 完成任务用了多长时间。

• 你在流程中哪些地方感受到了拖延。

• 有多少人购买了产品。

☐ 利用这些发现来改进你的下一次人工服务试验，并为决定在哪些地方实现流程自动化提供参考。

人工服务

249

互动原型

成本

只要你保持人工服务试验的简洁性，它们的运行成本就很低，这主要是因为所有的工作都是你手动完成的，几乎没有使用技术手段。如果你试图扩大试验规模或把试验变得过于复杂，就会增加成本。

准备时间

与其他快速建模技术相比，人工服务试验的准备时间要略长一些，因为你必须手动规划出所有的步骤，并为试验招募客户。

运行时间

运行一次人工服务试验的时间可能是几天到几周，这取决于试验过程的复杂程度和参与试验的客户数量。与其他快速建模技术相比，人工服务试验通常需要更长的运行时间。

证据强度

●●●●●

客户满意度

在收到试验的结果后，客户评价其满意度的原话和反馈。

在这种情况下，客户满意度是很强的证据，因为你得到的反馈是真实向客户交付价值后的反馈，而不是假设情况下的反馈。

●●●●●

 # 购买

客户在人工服务试验中的购买数量。他们愿意为人工方式的体验支付多少钱？

即使你是用人工方式交付价值，付费行为仍是强有力的证据。

●●●●●

完成流程所需的时间

全程时间是指从收到客户请求到订单交付完毕的总时间。

周期时间是指花在处理相应请求上的时间。它不包括相应请求在得到处理之前的等待时间。

完成人工服务试验的时间是非常强大的证据，因为这能为你提供第一手信息，让你了解接收请求和为客户提供价值所需的步骤。

能力

设计/产品/技术/法务/市场营销

你需要以上所有的能力来手动打造并向客户交付产品。这与产品的背景高度相关，即取决于你向最终客户提供的是实物还是数字产品或服务。

必要条件

时间

人工服务试验最必要的条件是时间，包括你的时间和团队的时间。如果你抽不出时间来运行这个试验，对你和客户来说都是巨大的损失。一定要计划好何时进行人工服务试验，并清空你的日程安排，以便你能给予人工服务试验必要的关注。

功能按键

p. 156

在你现有的产品中创建一个功能
按键，作为人工服务试验的一个
引流渠道。

混搭MVP

p. 244

利用现有的技术混搭，把人工服
务试验中的手动步骤自动化。

转介绍计划

p. 172

发起转介绍计划，以确定那些对
结果满意的人是否会介绍其他客
户来。

宣传册

p. 194

分发带有行为召唤的宣传册，作为
人工服务试验的一个引流渠道。

人工服务

隐身服务

p. 284

利用你从人工服务试验中了解到
的信息，手动交付价值，但不把
人工步骤显示给最终客户。

简版着陆页

p. 260

创建简版着陆页，收集对人工服
务试验的兴趣和意向信息。

人工服务

买卖住宅

Realtor.com

Realtor.com 是一个由 Move,Inc. 公司运营的房地产网站，总部位于加利福尼亚州圣克拉拉。网站为买方和卖方提供他们在整个购房过程中所需的信息、工具和专业服务。

Realtor.com网站的团队在和房屋卖家交谈时，经常听到的一个问题是：因为从出售房屋到购买新房中间存在时间差而会产生种种麻烦。人们在搬家时，往往会搬到另一个街区、另一座城市甚至其他州。

网站团队的创意是将买房和卖房两个市场并列展示，为客户整合并展示对市场的洞察。这对他们有用吗？我们团队能不能把它扩展为一个真正的功能？

假设

Realtor.com网站的团队认为，他们网站上的用户如果想在未来一年内出售房屋，那么也会在同期购买新房。

试验

以PDF形式手动交付洞察。

该团队做了一个简单的人工服务试验，该试验由一个行为召唤来触发。在用户点击时出现一个动态窗口，突出显示其价值主张，即估算用户同步进行买房和卖房所需的时间。接着，用户会回答一系列问题。完成后，戴夫·马斯特斯（产品经理）会通过整合从Realtor.com其他部分获得的洞察，手动把结果输出为一份PDF文件。

然后，戴夫会把这份PDF文件通过电子邮件单独发送给注册的用户。除此之外，戴夫还在发给用户的电子邮件中添加了一个会议链接，以进一步与他们保持联系并了解更多需求，看看能如何帮助他们。

证据

在短短几分钟内就有80人注册。

注册量的激增大大超出了预期。根据网站的统计，团队曾估计在3个小时内会产生30个注册者。但这一试验在几分钟内就产生了80多个注册者，快得都来不及关闭试验窗口。

洞察

假设得到了证实：用户确实遇到了困难。团队了解到，在他们的网站上，有相当多的人都遇到了类似的房屋买卖问题。

团队还了解到人工服务试验所面临的主要挑战。高访问量可能是一个积极信号，但可能需要你完成大量的手动工作，超过最初预想的工作量。值得注意的是，这类工作需要你具有执行能力以保证用户交付。在与日常工作双轨并行时，你必须预留适当的时间来兑现这一承诺，并真正以学习为目标。你可能已经有大量的日常工作要处理，有可能难以兼顾所有方面。

⚡

行动

坚持：在应用程序中进行测试。

了解到受众群体的规模与预期的大致相当之后，团队就有了进一步的信心，在应用程序中针对这些用户进行更多的试验。实际上，紧随其后的是一次功能按键试验，其中包含一个链接，指向尚不存在的"卖房工具"标签页——其中包含了团队即将置入的、专门针对卖家的功能和测试。

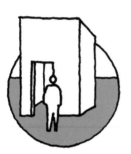

验证/互动原型

实际大小的原型

与实际生活中的产品尺寸一致的产品原型，以及真实情况下的服务体验的替代品。

💿 ●●●●●	⚖ ●●●○○
成本	证据强度
🕐 ●●●●○	⏱ ●●●○○
准备时间	运行时间

能力 *设计/产品*

需求性 · 可行性 · 收益性

实际大小的原型试验适用于针对小样本量客户测试较高保真度的解决方案，然后再决定是否把解决方案规模化。

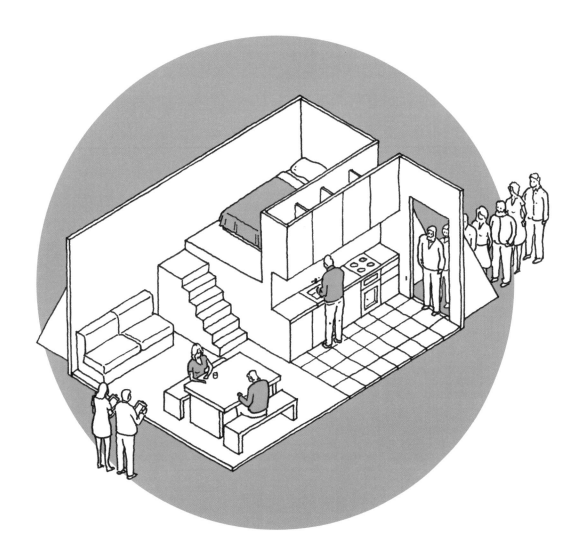

准备

☐ 收集之前已有的证据，来支撑这一解决方案。

☐ 创建实际大小的原型，它是你所提的解决方案的替代品。

☐ 寻找客户并安排互动会议。

执行

☐ 向客户展示实际大小的原型。

☐ 团队中的一名成员对客户进行访谈。

☐ 团队中的另一名成员记录客户的原话、工作、痛点、收益和肢体语言。

☐ 用行为召唤或模拟销售来结束访谈，以便透过客户表面的言辞，了解他们真正的行为。

分析

☐ 与团队一起回顾你的访谈记录。

☐ 根据了解到的信息，更新价值主张画布。

☐ 计算行为召唤和模拟销售的转化率。

☐ 利用了解到的信息来完善和迭代你的原型，以便进行下一轮测试。

🪙 ●●●●● 成本

实际大小的原型试验可能成本较高。它们要经过一定程度的打磨，并且尺寸越大，费用就越高。

🕐 ●●●●○ 准备时间

实际大小的原型试验的准备时间可能相当长——取决于解决方案的大小和复杂性。可能需要几周或几个月的时间来打造一款高保真度的替代品。

⏱ ●●●○○ 运行时间

实际大小的原型试验的运行时间相对较短。你需要让客户与原型充分地互动，从而更好地理解你的价值主张与客户的工作、痛点和收益之间的契合程度。

⚖ ●●○○○ 证据强度

●●●●○

客户的工作

客户的痛点

客户的收益

客户的反馈

记录客户的工作、痛点和收益，以及原型是如何解决这些问题的。

客户反馈不限于客户的工作、痛点和收益，要把其他方面客户的原话也一并记录下来。

这项证据相对较弱，因为客户需要摒除杂念，想象在真实情况下使用原型。

●●●●●

#模拟销售的转化率

你可以用提交付款信息的人数除以查看价格的人数，来计算模拟销售的转化率。

提交付款信息是非常有力的证据。

●●○○○

 # 电子邮件的注册人数

接收访谈的人中有一部分会提供电子邮件地址，以便在解决方案可用时联系他们，这部分人的转化率是可以计算的。

电子邮件的注册人数是比较弱的证据，但对未来的试验有帮助。

⚒⬡⠿⟁🗄✎📢🔍 能力

设计/产品

为了创建实际大小的原型，你需要的主要是设计和产品能力。原型不需要完全可运作，也不需要各种花里胡哨的修饰，但需要有足够高的保真度来与客户互动。

必要条件

解决方案的证据

在考虑创建实际大小的原型之前，你要有足够分量的证据表明需要一个解决方案。这意味着，针对市场上未解决的客户工作、痛点和收益问题，你已经收集数据并产生了证据，并且证据足以证明需要与客户进行高保真度的试验。

众筹

p. 266

催生需求，在更大范围内进一步
验证需求性和收益性。

功能定价

p. 226

对实际大小的原型所要包含的功
能进行优先级排序。

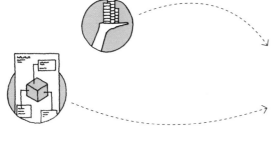

数据表格

p. 190

将产品参数视觉化，以便体现
在实际大小的原型中。

解说视频

p. 200

用一段视频展示你的价值主张和
解决方案，和更多的客户一起进
行测试。

实际大小的原型

模拟销售

p. 288

当你的客户与原型互动时，你要
了解他们是否愿意为解决方案
付费。

客户访谈

p. 106

在客户与原型互动时对他们进行
访谈，了解客户的工作、痛点和
收益。

实际大小的原型

验证一个实体空间
Zoku 公司

总部位于阿姆斯特丹的 Zoku，是一家新式居住集合体公司。它将时尚阁楼式短租公寓和友好的联合办公空间结合到一起，被专家们认为是 Airbnb 的下一次进化版。Zoku 为候鸟型职场人士提供了一个大本营，这些人会不时出差到某个城市，在那里工作并居住几天到几个月的时间。和所有创造新市场的商业案例一样，Zoku 团队对于他们的业务也有一些需要测试的风险性假设。

假设

Zoku团队认为，候鸟型职场人士愿意在一个只有25平方米的微型公寓里待上几个星期或几个月。

试验

与客户一起测试居住空间。

该团队建造了一个微型公寓实际大小的原型（样板间），与候鸟型职场人士一起测试，以确定他们是否会住上几个星期或几个月。他们招募了150名候鸟型职场人士，把他们从各自的工作场所接过来，与实际大小的原型进行互动。

这些"候鸟"们参观了实际大小的原型，并住进里面。Zoku团队在他们与实体空间互动时对他们进行访谈，了解设计中哪些地方可行，哪些地方不可行。

证据

收集关于该空间的定性反馈。

当空间采用堆叠法设计，去除屋内隔墙和动线通道时，人们待在空间里的兴致最高。把（隐藏式）楼梯收起来时，就有了更多的起居空间；把楼梯拉出来之后，就变成步入睡眠区的通道。在他们同时对4～5人的团体进行测试时，这一证据尤其明显。

洞察

对空间的体验比空间的大小更有意义。

这个试验帮助Zoku团队了解了原型中的细微差别。当把所有常规的居家元素（睡眠区、储藏区、浴室和厨房）像俄罗斯方块/乐高一样叠放起来时，就形成了二级空间（功能性空间）和一级空间（可供活动并放置休闲家具的起居空间）之间的明显界限。

在多轮验证的整个过程中，他们发现"空间体验感"和"平方米数"是不一致的，并且可以通过穿透家具（睡眠区的百叶窗）的清晰视线、大面积开窗和巧妙的光线设计，对空间体验感产生积极的影响。

行动

测试清洁服务时的空间流程。

利用他们从实际大小的原型试验中了解到的信息，团队针对居住单元的清洁服务进行了另一轮测试。这帮助他们了解到服务方面的挑战，特别是清扫升高后的睡眠平台。

验证/行为召唤

简版着陆页

一个简单的数字网页，可以清楚地表述你的价值主张，并带有一项行为召唤。

🪙 ●●○○○ **成本**	⚖️ ●●●○○ **证据强度**
🕐 ●●○○○ **准备时间**	⏱️ ●●●○○ **运行时间**

能力 设计/产品/技术

需求性 · 可行性 · 收益性

简版着陆页试验适用于确定你的价值主张是否能吸引你的目标客户。

准备

☐ 选择一个适合你所在行业的模板或版面设计。

☐ 找到高质量、免版税的照片用于设计。

☐ 购买一个简短、易记的域名，以强化你的品牌。

如果你看中的品牌名字已经被抢注（当前，很多域名都已经被注册了），可以考虑在名字前面加一个动词，如"try"或"get"。

☐ 在网页上方写上价值主张，最好用标题大小的字号。

☐ 把用于行为召唤的电子邮件注册按钮放在网页上方、价值主张下方。

☐ 将客户的痛点、你的解决方案和客户的收益放在行为召唤下方。

☐ 整合网页分析工具，并确认它们是否有效。

☐ 不要忘记网站的必要信息，如商标、品牌、联系人、服务条款，以及数字足迹（Cookie）和隐私政策信息。

执行

☐ 将着陆页上线。

☐ 向你的页面引流。

分析

☐ 查看你的分析报告，了解有多少人有以下举动：

- 浏览了你的着陆页。

- 用他们的电子邮件进行了注册。

- 花时间点击和下拉页面，或与页面互动。

☐ 不同来源的流量转化效果如何？例如，如果一个特定的社交媒体广告或电子邮件宣传吸引了更多客户注册，你或许可以在其他平台上复制该活动。

☐ 利用这些发现来完善你的价值主张，并联系那些报名参加访谈的人。

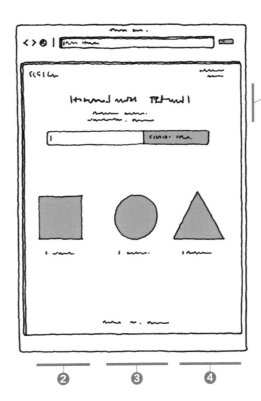

与价值主张画布的关系

❶ **价值主张**来自价值图。不要凭空臆造你的价值主张，也不要忽视你已经完成的工作。价值图是包含某种假设的，而你的着陆页价值主张测试是证实或推翻这些假设的好方法。

❷ **客户痛点**来自客户画像。从画布上选取投票得出的客户痛点前三名，并将其纳入着陆页左下方的痛点描述。

❸ **解决方案**来自价值图的产品和服务。访客需要知道，你如何以一种切实有效的方式传递价值主张。着陆页中间一栏的产品和服务应该反映这一点。

❹ **收益**来自客户画像。从画布上选取投票得出的客户收益前三名，并将其纳入着陆页右下方的收益描述。

简版着陆页

行为召唤

成本

简版着陆页的制作成本相对较低，这主要得益于数码工具的进步和更易使用。如果想在潜在客户中以一定规模测试你的价值主张，这是最便宜的方式之一。

准备时间

人们会误以为着陆页很难制作，往往是因为要把所有客户的工作、痛点和收益提炼成简短易懂的陈述。即便如此，准备一个简版着陆页试验最多也不过几天时间。

运行时间

简版着陆页试验的运行时间需要几个星期，不过这主要取决于你能给着陆页引来多少流量。如果每天的流量很少（比如少于100个独立访客），那么你就需要运行更长的时间来收集足够的信息。

证据强度

独立浏览数

在页面上停留的时间

电子邮件注册数

你可以通过将电子邮件注册数除以独立浏览数来计算转化率。电子邮件转化率因行业而异，但平均而言在2%～5%。对于早期阶段的验证，我们建议指标定在10%～15%，毕竟，你希望要高出平均水平，否则为什么还要做新的东西？

电子邮件转化率是一个比较弱的证据，因为每个人都有电子邮件，而且留下邮箱地址是免费的，只要有一点点兴趣，他们就会填写。取消订阅或把邮件丢进垃圾邮件文件夹也并不困难。

能力

设计/产品/技术

简版着陆页需要用客户的语言清晰而简洁地表述价值。你需要有能力做好这一点，否则就有一定风险会产生错误的负面证据。如果你自己不具备这些能力，也不必泄气，还有别的办法。现在有许多着陆页服务，提供专业的外观模板，你只需要简单地"一拖一放"就能创建着陆页。

必要条件

流量

简版着陆页试验需要流量来产生证据，一般来说，需要每天大约有100个独立访客。好消息是，你有很多方法可以为着陆页引流，包括：

- 在线广告。
- 社交媒体宣传。
- 电子邮件宣传。
- 现有流量重新定向导流。
- 口碑传播。
- 在线论坛。

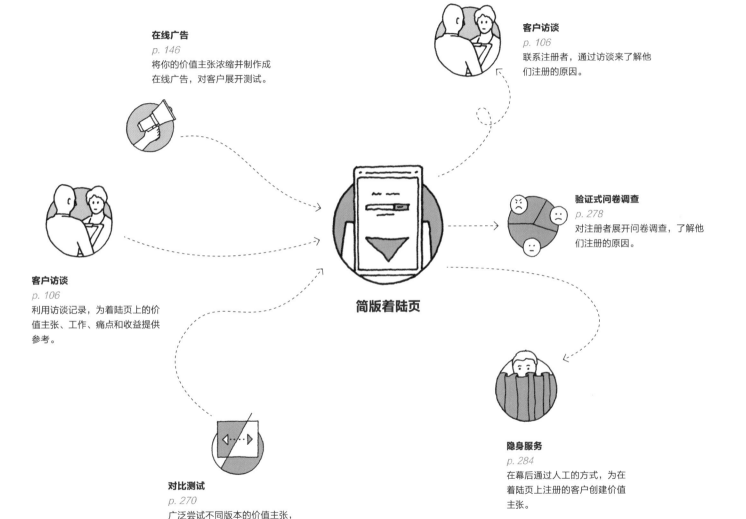

在线广告

p. 146

将你的价值主张浓缩并制作成在线广告，对客户展开测试。

客户访谈

p. 106

联系注册者，通过访谈来了解他们注册的原因。

客户访谈

p. 106

利用访谈记录，为着陆页上的价值主张、工作、痛点和收益提供参考。

简版着陆页

验证式问卷调查

p. 278

对注册者展开问卷调查，了解他们注册的原因。

对比测试

p. 270

广泛尝试不同版本的价值主张，看看哪种说法最能引起客户的共鸣。

隐身服务

p. 284

在幕后通过人工的方式，为在着陆页上注册的客户创建价值主张。

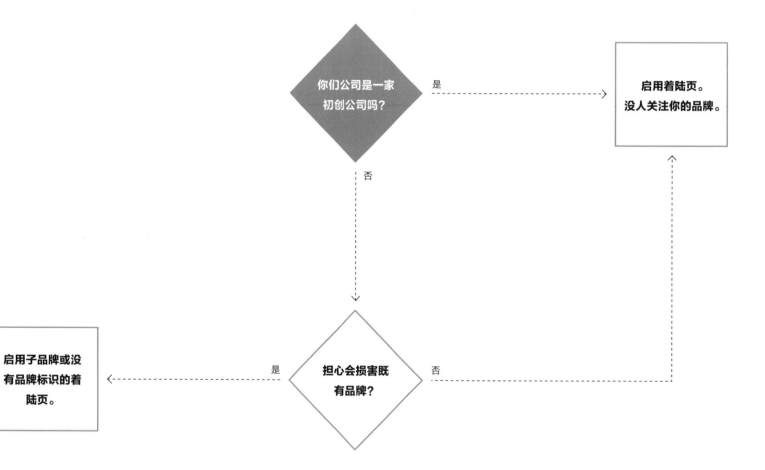

你们公司是一家初创公司吗？

是 → 启用着陆页。没人关注你的品牌。

否 ↓

担心会损害既有品牌？

是 → 启用子品牌或没有品牌标识的着陆页。

否 →

关于品牌的顾虑

如果你是在较大的公司中工作，那么是否在着陆页放置品牌会成为一个棘手的决定。初创公司可以相对自由地使用其品牌进行测试，不必担心引发过度关注。初创公司推出一个着陆页，人们注册时很少是因为它的品牌，而是因为它的创意可以为他们解决某个问题，具有作为解决方案独有的价值。

如果公司将品牌保留在着陆页上，并将公司的标识放在正中，这可能会使团队的工作更加困难。品牌和市场推广的审核通常会将整个流程拖慢至数周，甚至数月。而人们访问该页面的原因，也可能只是出于品牌效应随便看看。这会带来很大的难度——你要从所有访问者中，筛选出谁对价值主张真正感兴趣。

我们建议你创建一个子品牌或新公司来测试商业创意。这会让你更快走完流程，省去繁文缛节的会议，不用讨论品牌政策或者人们注册后该做什么。不过这种做法也有副作用：你将无法利用现有的获客渠道来为品牌引流。这意味着你需要独自完成客户获取，通过投放广告、与人交谈，以及使用社交媒体宣传等手段来为品牌引流。

✔正确做法

☐ 在你的标题中使用客户访谈中的话语。

☐ 联系注册者，询问他们是否可以接受客户访谈。

☐ 使用高质量的照片和视频。

☐ 使用短域名。

✘错误做法

- 不要为了产生转化率而进行虚假的推荐。

- 不要在尚未创建产品时，就将其标为"已售罄"。

- 不要对产品做出夸大而不切实际的宣传。

- 不要使用负面或严厉的语气。

265

高级着陆页

行为召唤

☑ 众筹

通常是通过互联网，向大量公众筹集小额资金，为一个项目或风险投资提供资助。

🪙 ●●●●●		⚖ ●●●○○	
成本		**证据强度**	
🕐 ●●●●○		⏱ ●●●●○	
准备时间		**运行时间**	

⚔ ▣ ⠿ ⚒ 🗄 🏷 📢 🔍 📊

能力 *设计/产品/财务/市场营销*

▦ ✉ ◔

需求性 · 可行性 · 收益性

众筹试验适用于向相信你的价值主张的客户募集资金，以资助你的新业务。

众筹试验不适用于确定你的新业务是否具有可行性。

准备

☐ 设定你的融资目标金额。务实、具体地说明资金将如何用于打造产品所需的每项活动。

☐ 选择一个现有的众筹平台，或建立你自己定制的众筹网站。

☐ 制作众筹视频。它应该是高质量的，能吸引用户并说服他们为你的产品提供资金。

☐ 在视频下方写上价值主张，最好用标题大小的字号。

☐ 在视频的右边放置你的行为召唤，用明确的表述为产品募集资金。

☐ 将客户痛点、你的解决方案和客户收益放在价值主张的下方。

☐ 列出不同的认筹金额和吸引人的项目回报。

执行

☐ 将你的众筹宣传活动面向公众发布。

☐ 为你的众筹活动页面引流。

☐ 在社交媒体和活动页面上积极回应评论，并回答大家提出的问题。

分析

☐ 回顾筹集了多少资金，每次筹集的数额，以及是否达到了筹资目标。

☐ 如果没有达到目标，则需要利用了解到的信息，对活动进行迭代。

☐ 如果实现了目标，那么通过社交媒体和电子邮件与支持者就项目进度保持积极的联系。

☐ 不同来源的流量转化情况如何？例如，如果一个特定的社交媒体广告或电子邮件宣传带来的客户筹资最多，那么你就要特别留意一下，以便在产品上线和销售时更好地获取客户。

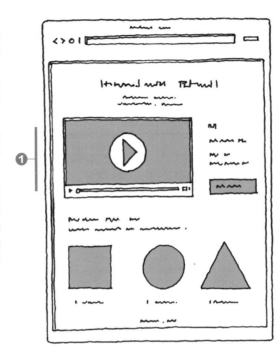

✓正确做法

☐ 将众筹平台从活动中按比例抽取的佣金计入你的宣传费用。

☐ 如果你没有达到目标，要向那些筹款者发起退款。

☐ 具体而透明地说明你所筹集的资金将如何使用，包括各类活动的成本明细。

✗错误做法

- 承诺过多的项目回报，结果把所有的时间都花在提供回报上，而没有用心打造产品。

- 出于贪心而筹集超出打造产品所需的资金。

- 在视频的制作上偷工减料。

- 对产品的收益做出夸大而不切实际的声明。

众筹

267

行为召唤

与价值主张画布的关系

❶ 你的视频应该讲述一个能够打动人心的故事。展示你的解决方案如何解决**客户画像**中首要的客户工作、痛点和收益问题。

❷ 客户**痛点**来自客户画像。将投票得出的客户痛点前三名，放到众筹活动页面左下方的痛点描述中。

❸ **解决方案**来自价值图中的产品和服务。你的潜在众筹支持者应该能理解解决方案，请将其应放在众筹活动页面上痛点描述的旁边。

❹ 客户**收益**来自客户画像。将投票得出的客户收益前三名，放到众筹活动页面右下方的收益描述中。

成本

众筹活动的成本通常集中在视频制作、市场营销、物流和活动的时间跨度上。即使有众筹平台可用，视频中的原型保真度也必须很高，否则你将无法吸引客户的兴趣。

准备时间

一场众筹活动的准备时间可能在几周到几个月。制作一个引人注目的高质量视频，创建传递价值主张的内容，并为你的客户设定分段价格和梯次回报，这都不是轻而易举的事情。

运行时间

一场众筹活动的运行时间通常在30～60天。当然，不排除你能在更短的时间内一炮而红完成众筹，但要记住，那些几天内就募集完成的只是个例。

证据强度

●●○○○

推荐人

 # 独立浏览数

 # 评论数

 # 社交媒体分享数

你的线上访问者从哪里来，他们如何与你的宣传活动互动。

独立浏览数、评论数和分享数都是相对较弱的证据，但有助于获取定性的洞察。

●●●●●

 # 认筹

认筹金额

明确你的浏览者是如何转化为认筹者的。至少有6%的认筹来自直接流量。至少有2%的认筹来自定向推送的在线广告。

筹集资金的百分比。理想的情况是100%，代表你的创意筹齐了资金。

浏览者通过认筹的形式，助力你的众筹活动获得成功，这是非常有力的证据。因为他们是在用真金白银投票，而不只是随口说说。

能力

设计/产品/财务/市场营销

众筹的流行造就了众筹平台的崛起，这意味着你不再需要整个开发团队来创建一场众筹活动。不过，你仍然需要创建真实可信的活动和有意思的项目回报，同时在市场上打出知名度。设计能力在其中扮演着重要的角色，因为活动需要看起来很专业，否则可能会给你的价值主张带来错误的负面证据。财务能力发挥了更大的作用，因为你需要设定合适的价格区间和项目回报，以期能通过该宣传活动建立一个可持续的业务。

必要条件

价值主张和客户细分

在投身于一场众筹活动之前，你需要一个能转化为高质量视频的清晰的价值主张，以及相对应的目标客户群体。没有解说视频的众筹活动少之又少，而且成功率相当低。你还要知道如何锚定目标客户，否则很难将人们引流到众筹活动。

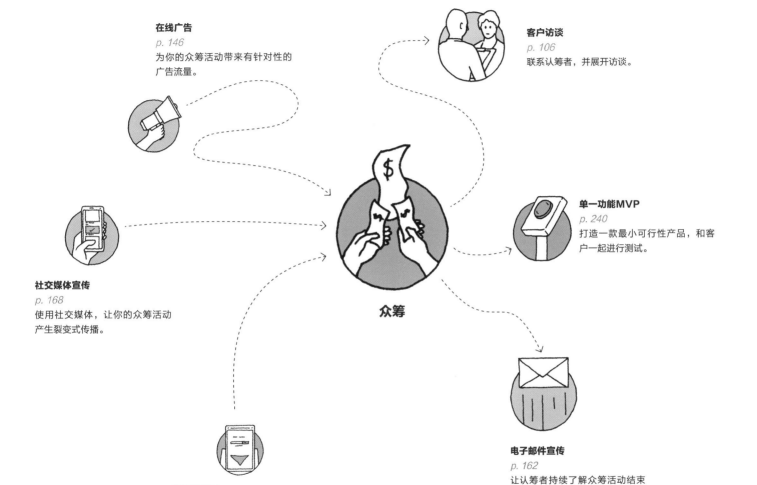

在线广告

p. 146

为你的众筹活动带来有针对性的
广告流量。

客户访谈

p. 106

联系认筹者，并展开访谈。

社交媒体宣传

p. 168

使用社交媒体，让你的众筹活动
产生裂变式传播。

单一功能MVP

p. 240

打造一款最小可行性产品，和客
户一起进行测试。

众筹

电子邮件宣传

p. 162

让认筹者持续了解众筹活动结束
后的进展。

简版着陆页

p. 260

创建一个着陆页，为你的众筹活
动引流。

众筹

269

行为召唤

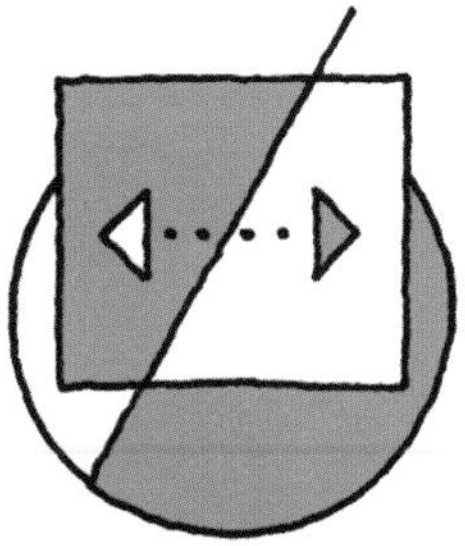

验证/行为召唤

对比测试

对比测试用于比较两个版本——控制组 A 与对照组 B, 确定哪一个表现更好。

😐 ●●○○○	⚖ ●●●○○	
成本	**证据强度**	
🕐 ●●○○○	⏱ ●●●○○	
准备时间	**运行时间**	

⚒ ⬡ ⚇ ⚲ 🗄 ⬟ 📢 🔍 📊

能力 设计/产品/技术/数据

▦ ✉ ◔

需求性 · 可行性 · 收益性

对比测试适用于比较不同版本的价值主张、价格和功能, 以确定什么
最能引起客户的共鸣。

准备

- 确定你希望改善的客户行为（即通过某种渠道获得进展）。
- 创建控制组A。
- 将控制组A作为基线，并做好记录。
- 创建对照组B。
- 设定你希望在对照组B中观察到的可衡量的改进比例。
- 设定客户样本量和置信水平。

准备

- 运行对比测试时，将流量按各50%的比例随机分配给控制组A和对照组B。

分析

- 一旦达到预设的样本量，就核验你的试验结果是否达到了置信水平。
- 试验结果是否达到了置信水平?
  - 如果达到了，考虑用对照组B替换控制组A，作为固定的元素保留下来。
  - 如果没有达到，就用其他的对照组B再进行另一项对比测试。

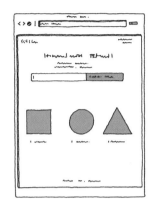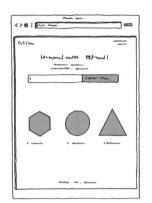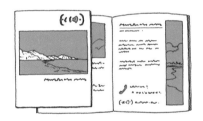

✓ 正确做法

- 使用客户访谈中的原话，对你的价值主张进行对比测试。
- 联系那些在测试中采取行动（转化）的客户，以了解原因。
- 使用对比测试计算器来确定达到置信水平所需的样本量。
- 对截然不同的创意进行对比测试，特别是在创意的早期阶段。这种做法会比小规模的渐进式测试带来更多的洞察。

✗ 错误做法

- 因为你满意或不满意初步的结果，而过早地停止对比测试。
- 你不希望某些关键绩效指标下滑，但你却忘记要持续测量这些指标。
- 短时间内进行太多对比测试，或者将对比测试与其他试验混在一起进行。
- 因为第一次对比测试没有产生抢眼的数据，就轻易放弃。

成本

对比测试的成本相对较低，你可以使用在线工具进行测试，而无须精通编程。你可以把一个脚本复制粘贴到你的页面或应用程序中，然后设置对比测试。这就像是在文字处理器中拖放和打字一样。如果你要创建定制化的硬件或印刷邮寄类商品，那么对比测试就会变得更加昂贵，因为你必须制作两个不同版本的实物来对客户进行测试。

准备时间

对比测试的准备时间相对较短，特别是对于数字产品，你可以使用现成的对比测试工具。如果你要制作两个不同版本的实物，准备时间可能会长一点。

运行时间

对比测试的运行时间通常为几天到几周。你需要基于有统计学意义的显著数据来获得洞察，以了解哪个版本表现更好。

证据强度

●●●○○

流量

控制组A的行为

控制组A的转化率

控制组A的转化率是指采取行动的人数除以参与控制组A测试的人数。如果条件允许，可将以前的数据作为基线，来预测控制组A的转化率。

●●●○○

对照组B的行为

对照组B的转化率

对照组B的转化率是指采取行动的人数除以参与对照组B测试的人数。要预先设定你希望对照组B对转化率产生什么可衡量的影响。

对比测试得到的是中等强度的证据——因为客户没有意识到他们正在参与对比测试。你至少需要对结果有80%的置信水平。理想情况下，你需要有98%的置信水平，但这一数字会因你的测试内容而有所不同。建议使用在线对比测试计算器，来辅助指导你完成这一过程。

能力

设计/产品/技术/数据

你需要有能力设定你的测试内容、控制组A的预期基线，以及对照组B所需的改进。你需要进行视觉设计，以适应整个主题，否则你会收到错误的负面证据。如果你的测试对象是软件，还需要一定的技术来整合。最后，你需要能够对结果进行分析，以便为下次试验提供参考。

必要条件

巨大的流量

对比测试需要大量的流量来产生可信的证据。你的流量将按各50%的比例随机分配给控制组A和对照组B，并显示在客户面前。如果你几乎没有流量，那么要得出哪个表现得更好的结论，就几乎是痴人说梦了。

电子邮件宣传

p. 162

测试电子邮件的标题栏、文案和图像，以确定什么会引发客户点击。

简版着陆页

p. 260

测试不同的价值主张和行为召唤，看看什么内容能促进转化。

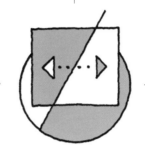

客户访谈

p. 106

访谈你的客户，找出他们转化的原因。

客户访谈

p. 106

使用客户访谈中的原话进行对比测试，看看什么内容带来的转化率更高。

对比测试

在线广告

p. 146

测试在线广告的不同图像或文案，看看什么内容能提高点击率。

宣传册

p. 194

测试不同的图像和价值主张，以确定什么内容在行为召唤上的转化率最高。

验证/行为召唤

预售

预售是指在产品正式面市售卖之前举办的销售活动。与模拟销售不同，预售
会在发货时进行真实的资金交易。

| 成本 ●●●○○ | 证据强度 ●●●●● |
| 准备时间 ●●○○○ | 运行时间 ●●●○○ |

需求性·可行性·收益性

预售适用于在你的产品面向公众推出之前，以较小规模来估算市场
需求。

能力 *设计/财务/销售*

准备

☐ 创建一个简版着陆页。

☐ 插入你的价格选项。

☐ 在点击价格选项时，显示一个"预售商品稍后发货"的弹出窗口，同时显示付款信息表。在你发货前不会完成扣款。

☐ 整合并验证网页分析工具是否正常工作。

执行

☐ 将着陆页上线，向公众开放。

☐ 将流量引到着陆页。

分析

☐ 查看你的分析报告，了解有多少人有以下举动：

• 查看价格选项。

• 点击某个价格选项。

• 输入他们的付款信息。

• 点击预订按钮，同意在发货时扣款。

• 从流程（即网页分析漏斗）中退出。

• 不同来源的流量在登录页上的转化率。

☐ 根据这些发现来估算收益性，并完善你的价值主张和价格选项。

联系

• 价格选项来自你的商业模式画布中的收入来源。

成本

预售的成本相对较低，但与模拟销售不同，它会产生处理交易和运送产品的额外成本。如果你使用某种销售系统，那么你可能需要购买硬件或软件。此外，大多数支付系统会按一定比例（2%～3%）从你的销售额中抽成，并可能会按月收取额外的管理费。

准备时间

预售的准备时间相对较短。不过在临近发货时，还需要时间来接收和处理付款信息。

运行时间

预售的运行时间是几天或几周。你需要用解决方案锁定某个特定的受众群体，并给他们足够的时间来考虑购买。预售的时间通常不会太久——支付者可能要求你在他们付款后20天内发货。

证据强度

⬤⬤⬤⬤⬤

 # 独立浏览数

 # 购买数量

你可以用购买数量除以价格选项的独立浏览数来计算购买转化率。

购买数量是强有力的证据。这表明在产品面向大众上市之前，客户就已经在为你的解决方案付费了。

⬤⬤⬤⬤⬤

 # 放弃数

这主要与在线购物车有关。如果人们进入了购买流程又随后离开，那么他们就是在放弃购买。

你可以用完成付款的总人数除以进入付款流程的人数来计算放弃率。

退出付款流程虽然是一个不良信号，但也是强有力的证据。这意味着你的流程有不正确的地方、配置错误，或者价格不合适。

能力

设计/财务/销售

开展一场预售活动需要你具备财务能力，因为你要设定好价格选项。你还需要针对目标受众设计精准有效的销售方案。最后，你还需要具备销售能力，特别是在真实情况下亲自销售时，这一点尤为重要。

必要条件

实现产品的能力

预售与模拟销售不同。预售时，你需要接收和处理付款信息，完成一次真实的销售过程。这意味着你应该已经接近最终的解决方案，或者至少有一个最小可行性产品可以交付。如果你没有能力实现对客户的承诺，不要一拥而上开展多场预售活动。

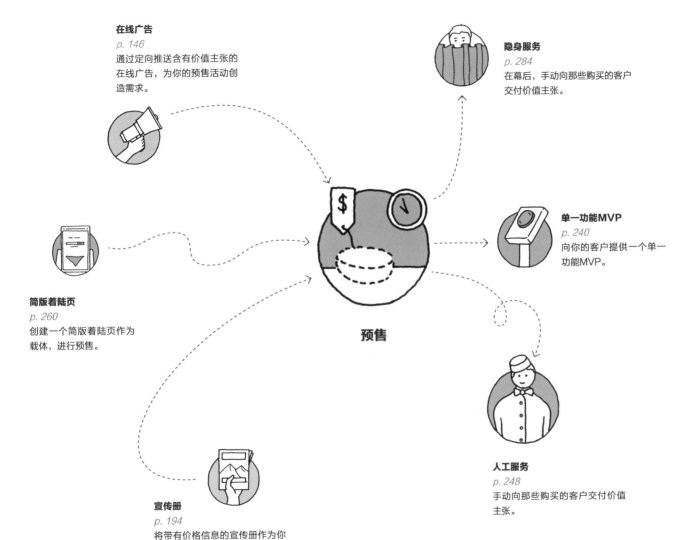

在线广告

p. 146

通过定向推送含有价值主张的
在线广告，为你的预售活动创
造需求。

隐身服务

p. 284

在幕后，手动向那些购买的客户
交付价值主张。

单一功能MVP

p. 240

向你的客户提供一个单一
功能MVP。

简版着陆页

p. 260

创建一个简版着陆页作为
载体，进行预售。

预售

人工服务

p. 248

手动向那些购买的客户交付价值
主张。

宣传册

p. 194

将带有价格信息的宣传册作为你
的预售材料。

验证/行为召唤

验证式问卷调查

一种封闭式调查问卷，用于从客户样本中收集有关某一特定主题的信息。

🪙 ●●○○○ 成本	⚖️ ●●○○○○ 证据强度
🕐 ●●●○○○ 准备时间	⏱️ ●●●○○ 运行时间

🖽 🔺 ◔

需求性 · 可行性 · 收益性

验证式问卷调查适用于了解在你的产品下架后，客户是否会感到失望，或者他们是否会推荐其他客户。

⚔️ 📦 ⚙️ ⚒️ 🗄️ 🏷️ 📢 🔍 📊

能力 *产品/市场营销/研究*

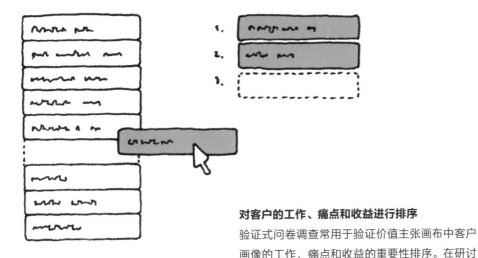

发现遗漏的客户工作、痛点和收益

除了排序，你还可以从验证式问卷调查中得到启发，做法是在每项排序之后加入一个开放式问题，以防漏掉一些没有想到的方面：

- 有什么工作是你希望我们问到，但没有出现在这个清单上的吗？为什么你希望它出现？
- 有什么痛点是你希望我们问到，但没有出现在这个清单上的吗？为什么你希望它出现？
- 有什么收益是你希望我们问到，但没有出现在这个清单上的吗？为什么你希望它出现？

其他类型的验证式问卷调查

一般来说，验证式问卷调查非常简单，是对单一问题的封闭式反馈。在这个前提下，你可以将其应用于你希望向客户验证的其他类型假设，比如：

- 客户满意度。
- 客户费力度（Consumer Effort Score, CES）。
- 品牌知名度。

对客户的工作、痛点和收益进行排序

验证式问卷调查常用于验证价值主张画布中客户画像的工作、痛点和收益的重要性排序。在研讨会上，大多数团队会尽量预测这些排序，但还需要从外界迅速获得反馈，来了解他们的预测结果与真实情况的接近程度。现在使用大多数问卷调查软件即可轻松实现，这些软件会创建两个区域，一个用于呈现工作、痛点、收益的预测清单，另一个用于呈现客户的真实排序结果。

279

验证式问卷调查

行为召唤

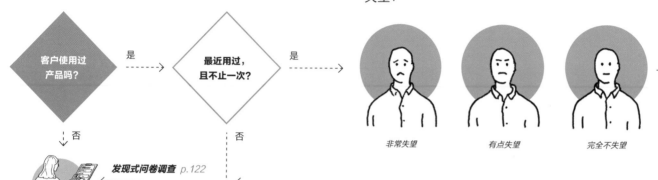

肖恩·埃利斯测试

"如果你不能再使用这个产品，你会有多失望？"

客户使用过产品吗？ —是→ 最近用过，且不止一次？ —是→

非常失望　　　有点失望　　　完全不失望

否↓　　　　否

发现式问卷调查 p.122

肖恩·埃利斯测试

验证式问卷调查中的一种特殊类型：肖恩·埃利斯测试，得名于它的创造者"增长黑客"专家肖恩·埃利斯（Sean Ellis）。他的方法是通过稀缺性来估计需求性。

肖恩·埃利斯测试的关键在于一个重要问题："如果你不能再使用这个产品，你会有多失望？非常失望，有点失望，还是完全不失望？"

如果感到失望的人数没有达到40%，可以说你的产品还没有找到与市场的契合点。如果客户无动于衷，并不在意你的产品是否会消失，那么这就

出现了需求性问题。在找到契合点之前，扩大规模没有意义，否则你就是浪费巨额资金把没人想要的产品规模化。

在进行肖恩·埃利斯测试时，背景很重要。如果在客户刚体验到价值主张时就测试，不仅非常不合时宜，而且得到的数据也不准确，因为客户还没有真正体验到完整的产品。如果他们尚未真正使用过产品，谁会发自内心地感到失望？

从另一方面来讲，如果你向最近六个月内都没有使用过该产品的人展示问卷，那么他们很有可能早就不清楚状况了，甚至在这时都不会接受问卷调查。

如果要以这种问卷形式评估需求性，我们推荐邀请那些在过去两周内至少体验过两次产品核心功能的客户参与调查。

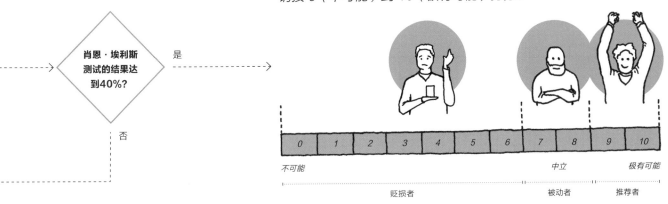

净推荐值（NPS）

"你向朋友或同事推荐这个产品的可能性有多大？
请按 0（不可能）到 10（极有可能）打分。"

NPS

NPS是问卷调查中最常见的一种类型，广泛应用于世界各地的组织。

NPS问卷调查的关键问题是："你向朋友或同事推荐这个产品的可能性有多大？请按0（不可能）到10（极有可能）打分。"

你可以用以下公式来计算NPS。

推荐者占比 – 贬损者占比 = NPS

与肖恩·埃利斯测试一样，你向客户展示问卷的背景很重要。只有使用你的产品完成了一些有意义的事情，他们才会愿意向朋友或同事推荐它。即便感兴趣，也不足以推动客户在使用产品之前就推荐它。同样，如果客户使用过产品，但完全不在意产品是否消失，那也很难相信他们会推荐这一产品。所以，要在客户做完肖恩·埃利斯测试之后，再使用净推荐值问卷调查。

如果愿意推荐的说法来自对你的产品消失完全不失望的人，那么你应该避免以此为依据过早地推进业务规模化。

成本

验证式问卷调查的成本很低，因为你应该已经有某种渠道可以触达客户。现在有许多工具和服务可以帮助你设定某个特定的动作，通过弹出窗口或电子邮件触达触发该动作的活跃客户。

准备时间

准备验证式问卷调查相对比较快，应该在几个小时或一天内就能完成。

运行时间

如果你有足够多的渠道分发验证式问卷，一次调查可能只需要运行1～3天，就能得到数千份回应。如果你很难触达受众，可能需要几个星期才会得到足够的回应。

证据强度

●●○○○○

如果不能再使用产品，客户会有多失望？
感到失望的客户占比

感到失望的客户占比超过40%是一个理想的分数，达到之后你就可以专注于业务的规模化了。否则，你的客户流失速度会和注册速度一样快。

验证式问卷调查得来的数据是比较弱的证据，但如果你暗示产品可能会消失，回应的质量会变得好一些。

●○○○○○

客户转介绍的可能性有多大？
被推荐的可能性占比

超过0%就可以视为不错的分数，尽管这可能因行业而异。你可以在网上搜索一下行业基准。

净推荐值问卷调查的数据是比肖恩·埃利斯测试结果更弱的证据，因为你是在假设而非真实情况下得到的转介绍答案。

●●○○○○

工作/痛点/收益的排序
与客户画像相比的准确性比例

以80%为目标，因为在这一点上出现错误，会对你的整个战略产生连锁反应。

虽然该证据强度比较弱，但在开始更多的测试之前，这是一个重要的步骤。

能力

产品/市场营销/研究

验证式问卷调查需要能够精心设计问题，并采用正确的语气和结构。因为验证式问卷调查瞄准的是现有的客户，所以你需要能够分辨特定的客户群和子客户群，以帮助减少数据中的噪声。

必要条件

量化的原始材料

验证式问卷调查的目的是让客户对某种场景、价格或功能做出回应。你需要有产品供用户基于其做出回应，以便你可以定量地评价他们的回应。

接触现有客户的渠道

验证式问卷调查的对象是现有客户，这就意味着无论是通过在线网站、电子邮件，还是通过线下直接邮寄或分发问卷，你都需要确认可以利用现有的渠道来触达客户。

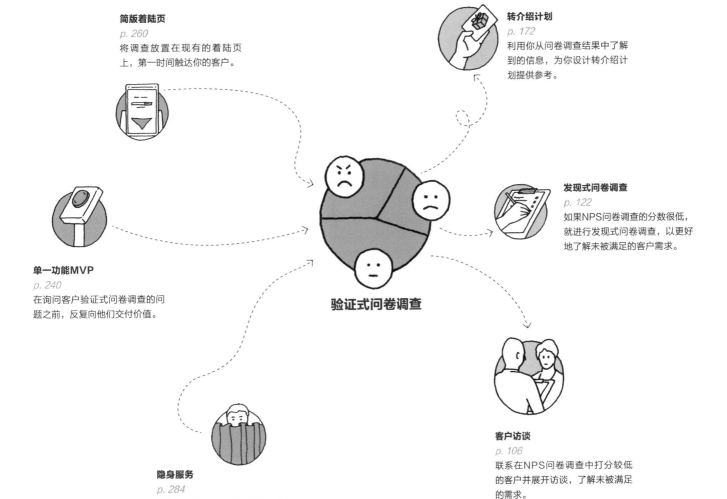

简版着陆页
p. 260
将调查放置在现有的着陆页
上,第一时间触达你的客户。

转介绍计划
p. 172
利用你从问卷调查结果中了解
到的信息,为你设计转介绍计
划提供参考。

单一功能MVP
p. 240
在询问客户验证式问卷调查的问
题之前,反复向他们交付价值。

发现式问卷调查
p. 122
如果NPS问卷调查的分数很低,
就进行发现式问卷调查,以更好
地了解未被满足的客户需求。

验证式问卷调查

隐身服务
p. 284
在询问客户验证式问卷调查的问
题之前,在幕后通过人工的方式
向客户交付价值。

客户访谈
p. 106
联系在NPS问卷调查中打分较低
的客户并展开访谈,了解未被满足
的需求。

验证/模拟

隐身服务

打造一种客户体验，并以人工方式而非单纯使用技术手段，手动交付价值。
这个试验的名称源自电影《绿野仙踪》（*Wizard of Oz*），电影中每一个请
求都会交由某个人进行处理。与人工服务试验不同的是，隐身服务试验中的
客户看不到处理请求的人员。

⬮ ●●○○○○ 成本	⚖ ●●●●● 证据强度
🕐 ●●●○○ 准备时间	⏱ ●●●○○ 运行时间

需求性 · 可行性 · 收益性

隐身服务试验适用于通过亲身参与的方式，了解创造、捕获和交付客户
价值所需的步骤，获得第一手信息。

隐身服务试验不适用于产品或业务的规模化。

能力　*设计/产品/技术/法务/市场营销*

划定分界线

进行隐身服务试验可以避免过早地将解决方案规模化。我们建议划定一条分界线，以区分出隐身服务中哪些手动完成的任务可以实现自动化。

如果你为最终客户手动交付价值需要花15分钟，那么请问问自己：

1. 我们每天可以手动处理多少客户诉求？
2. 每次交付的成本是多少（成本结构）？
3. 客户最多愿意支付多少（收入来源）？
4. 达到多大的需求量之后，将这些任务自动化更符合成本效益？

我们目睹过创业者们急于将解决方案自动化，结果过早地扩大了规模。一旦你为手动交付价值划定了分界线，那么在越过这条分界线之前，你就不必扩大规模。有些创业者会达到分界线，然后转向自动化，而其他人可能永远也不会达到这个标准。对于那些从未达到的人，我们建议先退一步，重新评估战略。

准备

☐ 规划手动打造产品的步骤。

☐ 创建一个看板来跟踪订单和所需的步骤。

☐ 先找一些人来测试这些步骤，以确保它们有效。

☐ 整合网络分析工具并验证它们是否正常工作。

执行

☐ 接收隐身服务试验的订单。

☐ 进行隐身服务试验。

☐ 在处理订单的同时更新看板。记录完成任务所需的时间。

☐ 通过访谈和问卷调查来收集客户满意度反馈。

分析

☐ 回顾你的客户满意度反馈。

☐ 审查看板上的指标，包括：

• 完成任务的时间长度。

• 你在流程中哪些地方感受到了拖延。

• 有多少人购买了产品。

☐ 利用这些发现来改进下一次隐身服务试验，并为决定在哪些地方实现流程自动化提供参考。

⊙ ●●○○○

成本

只要你保持隐身服务试验的简洁性，它们的运行成本就很低，这主要是因为所有的工作都是你手动完成的，几乎没有使用技术手段。如果你试图扩大试验规模或让试验变得过于复杂，就会增加成本。

 ●●●○○

准备时间

和其他快速建模技术相比，隐身服务试验的准备时间要略长一些，因为你必须手动规划出所有的步骤，还要为试验招募客户。

 ●●●○○

运行时间

运行一次隐身服务试验的时间可能是几天到几周，这取决于试验过程的复杂程度和参与试验的客户数量。与其他快速建模技术相比，隐身服务试验通常需要更长的运行时间。

⚖ ●●●●●

证据强度

●●●●●

客户满意度

在收到试验的结果之后，客户评价其满意度的原话和反馈。

在这种情况下，客户满意度是很强的证据，因为你得到的反馈是真实向客户交付价值后的反馈，而不是假设情况下的反馈。

●●●●●

 # 购买

客户在隐身服务试验中购买产品或服务的数量。他们愿意为人工交付的体验支付多少钱？

付费行为依然是强有力的证据，尽管你是手动交付的价值。

●●●●●

完成流程所需的时间

全程时间是指从收到客户请求到订单交付完毕的总时间。

周期时间是指花在处理相应请求上的时间。它不包括相应请求在得到处理之前的等待时间。

完成隐身服务试验的时间是非常强大的证据，因为这能为你提供第一手信息，让你了解接收请求和为客户提供价值所需的步骤。

⚒ ⬡ ⬢ ⚒ 🗄 ✎ ◁ 🔍 ◔

能力

设计/产品/技术/法务/市场营销

你需要以上所有的能力来手动打造并向客户交付产品。这与产品的背景高度相关，即取决于你向最终客户提供的是实物还是数字产品或服务。

必要条件

时间

隐身服务试验最必要的条件是时间，还需要某种数字化的"幕布"。和人工服务试验一样，你需要相当多的时间来进行测试，但除此之外，你还需要一块"幕布"，将执行任务的人在客户面前隐藏起来。"幕布"可以有很多种形式，但最常见的是使用简版着陆页或数字化的交互界面，客户在上面发送请求并接收产品或服务。

功能按键

p. 156

在你现有的产品中创建一个功能按键，作为隐身服务试验的一个引流渠道。

混搭MVP

p. 244

利用现有的技术混搭，把隐身服务试验中的手动步骤自动化。

宣传册

p. 194

分发带有行为召唤的宣传册，作为隐身服务试验的一个引流渠道。

隐身服务

转介绍计划

p. 172

发起转介绍计划，以确定那些对结果满意的人是否会介绍其他客户来。

众筹

p. 266

发起一次众筹活动来募集资金，用于将所有步骤自动化，形成可规模化的产品。

简版着陆页

p. 260

创建简版着陆页，收集对隐身服务试验的兴趣和意向信息。

隐身服务

287

模拟

验证/模拟

 模拟销售

为你的产品举办一次销售活动，但不处理任何付款信息。

成本 ●●○○○	证据强度 ●●●●○
准备时间 ●●○○○	运行时间 ●●●○○

能力 *设计/财务/销售*

需求性 · 可行性 · 收益性

模拟销售试验适用于为你的产品确定不同的价格点。

通过商店活动，在线下进行

准备

☐ 为产品打造一款高保真度的实物大小的原型。

☐ 与商店经理和工作人员沟通试验的时长和性质，以便相关员工了解试验的情况。

执行

☐ 有策略地将产品原型放置在商店里你期望的货架上。

☐ 观察并记录谁在查看产品，拿起产品，并将其放入购物篮。

☐ 在客户购买前或购买时，上前解释该产品还未上市。

☐ 从客户那里得到反馈，了解是否可以在产品上市时联系他们，以及与其他产品相比，他们为何选择购买这款产品。

☐ 用一张礼品卡来补偿客户。

分析

☐ 回顾你的客户反馈记录。

☐ 查看你的活动日志，了解有多少人有以下举动：

• 查看该产品。

• 将其放入购物篮。

• 想要购买。

• 向你提供联系方式，以获知产品的上市时间。

☐ 利用你的发现来改进价值主张和产品设计。

通过电子邮件注册，在线上进行

准备

☐ 创建一个简版着陆页。

☐ 插入你的价格选项。

☐ 在点击价格选项时，弹出一个"我们还没有准备好"的窗口，并附上电子邮件注册表。

☐ 整合网络分析工具并验证它们能否正常工作。

执行

☐ 将页面上线，向公众开放。

☐ 给着陆页引流。

分析

☐ 查看你的分析报告，了解有多少人有以下举动：

• 查看价格选项。

• 点击某个价格选项。

• 用他们的电子邮件地址注册。

• 从流程（即网页分析漏斗）中退出。

• 不同来源的流量在着陆页上的转化率。

☐ 利用这些发现来估算收益性，并完善你的价值主张和价格选项。

与商业模式画布的联系

• 价格选项来自你的商业模式画布中的收入来源。

模拟销售

模拟

◒ ●●○○○○

成本

模拟销售的成本相对较低：因为你是在对产品进行价格测试，而不需要造出完整的产品。你需要为目标受众提供足够高的保真度，所以你需要展示数字或实物的解决方案，这会带来一些成本。

◷ ●●○○○○

准备时间

模拟销售的准备时间相对较短，这意味着你可以在几小时或几天内，为你的价值主张创建一个可信的展示平台。

 ●●●○○

运行时间

模拟销售的运行时间为几天或几周。你需要用解决方案锁定某个特定的受众群体，并给他们足够的时间来考虑购买。

⚖ ●●●●○

证据强度

●●○○○

 # 独立浏览数

 # 购买点击次数

你可以用购买点击次数除以价格的独立浏览数来计算购买转化率。

购买转化率是强度相对较高的证据，但比不上后续的电子邮件注册和提交付款信息的动作。

●●●○○

 # 购买者中注册电子邮件的人数

你可以用电子邮件注册人数除以价格的独立浏览数来计算购买者中注册电子邮件的转化率。

这是相对较强的证据，但比不上提交付款信息的动作。

●●●●●

#购买者的付款数量

提交付款信息

你可以用提交付款信息的人数除以价格的独立浏览数来计算购买者的付款转化率。

提交付款信息是非常有力的证据。

能力

设计/财务/销售

进行模拟销售需要具备建立财务模型的能力，以便为设计价格选项提供参考。你还需要能够针对目标受众设计精准有效的销售方案。最后，你还需要具备销售能力，特别是在真实情况下亲自销售时，这一点尤为重要。

必要条件

定价策略

在开展模拟销售试验之前，你需要进行一些思考和数字处理。这种场景并不是简单地询问人们愿意付多少钱。众所周知，客户并不善于回答这种问题。相反，你需要能够提出一个或多个价格，让他们做出反应。如果你测试的价格过低，那么你就会收到虚假的正面反应，而无法交付相应的产品。因此，要花些时间想清楚成本结构，才能通过模拟销售得到有价值的证据。

在线广告

p. 146

通过定向推送含有价值主张的在线广告，为你的模拟销售创造需求。

客户访谈

p. 106

联系那些对购买产品有兴趣的人并对他们进行访谈，以更好地了解他们的需求。

简版着陆页

p. 260

创建一个简版着陆页，作为进行模拟销售的载体。

单一功能MVP

p. 240

打造一款单一功能的最小可行性产品，和客户一起进行测试。

模拟销售

电子邮件宣传

p. 162

当你的产品上市时，通过电子邮件宣传让那些感兴趣的人可以持续了解到相关进展。

宣传册

p. 194

将带有价格信息的宣传册作为模拟销售的材料。

模拟销售

291

模拟

模拟销售

你做出来时，客户会不请自来

Buffer 公司

9年前，当 Buffer 公司的联合创始人乔尔·加斯科因（Joel Gascoigne）在他的卧室里创办这家公司时，他并不确定人们是否会为他的社交媒体管理服务付费。

当时，社交媒体经理们仍在手动登录多个社交媒体平台并发布他们的内容。他们使用日历和闹钟，来提醒他们跨时区登录和发布的最佳时间。这并不理想，特别是需要在半夜发布内容时。

Buffer应用程序就能解决这个问题，起先是在Twitter上提供管理服务，然后扩展到其他社交媒体平台。乔尔决定稍微测试一下Buffer应用程序的需求性，就在他的简版着陆页上添加了一个"方案和价格"按键。点击按键时，会显示一条表示"尚在准备中"的信息，并提供一个电子邮件注册链接以获得后续进展的通知。

在一些人提交了他们的电子邮件后，乔尔确定人们对这一解决方案存在初步的兴趣，但他还想收集更多证据。

假设

乔尔认为，人们愿意支付月费来安排他们在Twitter上的社交媒体发帖日程。

人们在不考虑任何价格信息时填写了自己的电子邮件，这还不足以成为强有力的证据。乔尔需要知道这个创意是否有财务回报。

试验

对不同档的月费进行价格测试，以估算收益性。

乔尔决定在着陆页上添加三档不同的价格选项，来测试收益性。免费档=0美元/月，每天1条推文，缓冲队列中有5条推文。标准档=5美元/月，每天10条推文，缓冲队列中有50条推文。最高档=20美元/月，每天推文不限量，缓冲队列中推文也不限量。人们一点击"方案和价格"按键，就会出现这些选项。人们点击某个选项，便会出现一个电子邮件注册表，说明Buffer的相关服务还未正式上线。页面中的每个选项都整合了分析功能，乔尔可以据此分析哪些人在选择以怎样的价位注册。

证据

5美元/月的信号。

证据显示，在最初的这次测试中，5美元/月的方案是明显的赢家。与0美元/月和20美元/月的方案相比，5美元/月的方案带来了最多的电子邮件注册数。

洞察

人们愿意付费。

数据显示，5美元/月的方案是最受欢迎的，这反映了人们对Buffer的价值判断。他们不需要每天只安排一条推特的服务，因为他们自己就可以登录并发布。另一方面，他们也不需要无限量的推文，因为社交媒体经理不想让受众信息过载，以免被归为垃圾账号。最合适的方案似乎是每天5条推文，而每天5条推文已经非常麻烦，足以让人们愿意付费，以5美元/月的费用来解决问题。

行动

证据表明应该做Buffer。

在深入了解对Buffer的需求，并获得足够的证据和洞察后，乔尔决定做这个应用程序。他利用试验得到的信息为辅助，制定了产品发布时的价格。在产品早期，乔尔还保持了精益的风格，并手动处理每个客户的付款。今天，世界各地的数十万客户都在使用Buffer，公司每月的经常性收入为154万美元。

意向书

简短的书面合同，简单易读但不具法律约束力。

🪙 ●○○○○	⚖️ ●●○○○○
成本	证据强度

🕐 ●○○○○	⏱️ ●●○○○○
准备时间	运行时间

能力　*产品/技术/法务/财务*

需求性 · 可行性 · 收益性

意向书适用于评估重要合作伙伴和B2B客户。

意向书不适用于评估B2C客户。

准备

☐ 为你的意向书设定目标受众，他们最好对你的业务已经有所了解。

☐ 研究采用什么样的意向书格式最适合你的业务（即面向重要合作伙伴还是B2B客户）。

☐ 创建你的意向书模板。

执行

☐ 向你的目标受众出示意向书。

☐ 团队中的一名成员对受众进行访谈。

☐ 团队中的另一名成员记录他们的原话、工作、痛点、收益和肢体语言。

分析

☐ 与团队一起回顾你的访谈记录。

☐ 发送、查看和签署了多少份意向书?

☐ 跟进那些签署意向书的人，继续对话并推进你的商业创意项目。

意向书基本格式范例

[你的姓名]

[职位]

[企业名称]

[企业地址]

[日期]

[收信人姓名]

[职位]

[企业名称]

[企业地址]

亲爱的[姓名]

我们在此呈上一份不具法律约束力的意向书，以约定[在此插入合作关系的条款]。

诚挚的，

[你的名字]

成本

⊖ ●○○○○○

意向书的制作成本相对较低，因为它们通常只有1～2页的篇幅。你可以在网上找到免费的意向书模板，或者花一些钱，请法务人员帮助你撰写一份得体的意向书。

准备时间

意向书的准备时间只要几个小时，如果需要法务人员的帮助，则可能需要1天。

运行时间

意向书的运行时间很短，因为你的收件人要么接受，要么不接受。

⚖ ●●○○○○

证据强度

●●○○○○

\# 意向书的发送数量

\# 意向书的浏览次数

\# 意向书的签名数

意向书的接受率=意向书的签名数÷意向书的发送数量。

意向书签名不具有法律约束力，但证据强度高于人们只是在口头上表示会合作或购买。

●○○○○○

客户反馈

合作伙伴反馈

客户和合作伙伴的原话

客户和合作伙伴的反馈是薄弱的证据，但通常有助于获得定性的洞察。

能力

产品/技术/法务/财务

意向书虽然是一份不具有法律约束力的文件，但拥有基本的法律知识，也有助于意向书的撰写。如果是针对重要合作伙伴，你需要能够详细地阐述你所需的关键业务或核心资源；如果是针对B2B客户，你需要能够清楚地描述你的价值主张和定价结构。

必要条件

熟悉的客户线索（Warm Leads）

除非你有熟悉的客户线索，换言之，对方基本了解你的价值主张和业务，否则我们不建议使用意向书。将意向书以电子邮件的方式发送给陌生客户是一种唐突的做法，会导致转化率下降。相反，我们建议为预先安排的会谈准备好意向书，这样你就可以在会谈中或结束后拿出意向书。

合作伙伴及供应商访谈

p. 114

在撰写意向书之前，访谈合作伙伴和供应商，以更好地了解他们的能力。

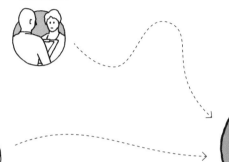

单一功能MVP

p. 240

与签订意向书的合作伙伴或客户一起，打造一款单一功能MVP。

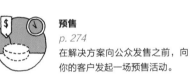

意向书

客户访谈

p. 106

利用访谈记录为参考，搭建意向书的雏形。

预售

p. 274

在解决方案向公众发售之前，向你的客户发起一场预售活动。

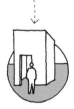

实际大小的原型

p. 254

创建一个实际大小的原型，对你的客户进行测试。

意向书

297

模拟

意向书

对园艺师使用意向书

茁壮智能系统公司

茁壮智能系统（Thrive Smart Systems，下文简称"茁壮"）公司致力于用最新的灌溉技术为客户赋能。它们的无线系统可以为客户提供更智能的灌溉方式，以节省客户的时间和金钱。

公司的联合创始人赛思·班格特（Seth Bangerter）和格兰特·罗贝里（Grant Rowberry）希望在完成产品开发之前，就知道人们是否会购买他们的产品。许多人表示极有兴趣，特别是园艺师们。当两位创始人问他们会买多少时，他们回答说"特别多"或"有多少买多少"。虽然听到这个消息很兴奋，但赛思和格兰特还是想知道客户愿意购买的确切数字。

茁壮团队选择让感兴趣的客户填写一份购买意向书。这个试验是为了让人们用书面的数字精准地表达他们的需求。赛思和格兰特决定制作一个模板，包括意向书应该具备的关键元素。当一个潜在客户声称愿意购买X数量的茁壮产品时，那么数量X就会被填写在意向书上。

茁壮团队把这个模板称为他们的意向书表格。

假设

塞思和格兰特认为，他们可以在测试阶段通过20份意向书获得25 000美元。

试验

请客户填写一份意向书。

在刚开始测试这个假设时，他们请感兴趣的客户手写一份意向书，说明他们愿意购买多少数量。在收到一些意向书后，他们创建了一个意向书表格，以便发放给每个表示有兴趣购买该产品的人。

证据

创造出了超过5万美元的预期收入。

茁壮团队发现，在没有广告的情况下，只要求潜在客户填写一份表格，他们就创造出了超过5万美元的预期收入。

洞察

期望与现实。

他们还了解到，人们声称会购买的数量比他们写下来的要多得多。

那些说他们会购买1000套的人只写了300套。有几个说要买100套的人只写了15~20套。由此，赛思和格兰特对如何正式推出他们的购买流程有了深入的了解。尽管意向书是没有法律约束力的，但当潜在客户落笔写下数字时，他们就越发会感到关乎自身利益。

行动

迭代意向书。

通过意向书试验，赛思和格兰特将他们的意向书改进为两种不同的风格。一种是为那些想购买最终产品的人准备的"认购承诺"；另一种是"测试协议"，供那些想参与初代产品测试的人使用。

验证/模拟

快闪店

一种临时开放的零售店，用于销售商品，通常是流行性或季节性产品。

🥠 ●●●●○	⚖️ ●●●○○
成本	**证据强度**
🕐 ●●●○○	⏱️ ●●○○○
准备时间	**运行时间**

⊞ ✉️ ◔

需求性 · 可行性 · 收益性

快闪店适用于测试与客户面对面的交互行为，看他们是否真的会购买。

快闪店并不适用于B2B业务，但可以考虑在展会上设立一个展位。

能力 *设计/产品/法务/销售/市场营销*

准备

☐ 选好一个地点。

☐ 获得所需的租约、执照、许可证和保险。

☐ 设计购物体验。

☐ 规划后勤的运作方式。

☐ 宣传快闪店向客户开放的日期。

执行

☐ 快闪店开始营业。

☐ 从客户处收集你需要的证据。

☐ 快闪店停止营业。

分析

☐ 与团队一起回顾你的访谈记录：

• 人们对什么感到兴奋？

• 是什么让他们产生疑虑？

☐ 回顾发生了多少次有意义的互动：

• 你有没有收集客户的电子邮件信息？

• 你是否成功实现了模拟销售、预售或实际销售？

☐ 在经营下一家快闪店之前，利用你所学到的信息对快闪店的体验进行迭代。

快闪店

模拟

◎ ●●●●○

成本

快闪店一般都很小，但是这一试验的成本仍会比低保真度试验更高。大部分成本来自租赁空间和发布广告，而这很大程度上取决于商店的选址和交通状况。如果你能找到某个商家，在现有的商店里给你一片空间来做试验，就可以降低成本。额外的费用可能包括办理进行商业交易所需的执照、许可证和保险的费用。

🕐 ●●●○○

准备时间

快闪店试验的准备时间可能需要几天或几周，取决于有什么地点可用。店面需要看起来很专业，因此你要为此准备合适的人员和外观装潢。除非店铺开在目标客户流量高度集中的区域，否则你还需要利用广告创造需求。

⏱ ●●○○○

运行时间

快闪店试验的运行时间一般很短，从几小时到几天不等。这个试验的目的是快速学习，汇总试验结果，然后继续下一步。

⚖ ●●●○○

证据强度

●●○○○

 # 客户访问量

 # 电子邮件注册人次

访问并提供电子邮件地址的人的转化率。

客户反馈

在给你的反馈中客户的原话。

客户访问、电子邮件注册和客户反馈都是较弱的证据，但有助于获得定性的洞察。

●●●●●

 # 预售

 # 模拟销售

 # 销售

愿意支付费用或已经付费购买产品的人的转化率。

销售结果是强有力的证据，证明客户想要你的产品。

能力

设计/产品/法务/销售/市场营销

为了准备和运营一家快闪店，你需要法律专业知识来确定执照、许可证、租赁和保险合同事宜。你需要在线市场营销技能来推广商店，还需要为其配备有销售经验的员工来与客户互动。

必要条件

流量

快闪店的兴起源于一个理念：为客户提供小众、限时的服务体验。为了创造这种需求，你需要用以下方式为店铺进行宣传推广并吸引眼球：

- 在线广告。
- 社交媒体宣传。
- 电子邮件宣传。
- 口碑传播。

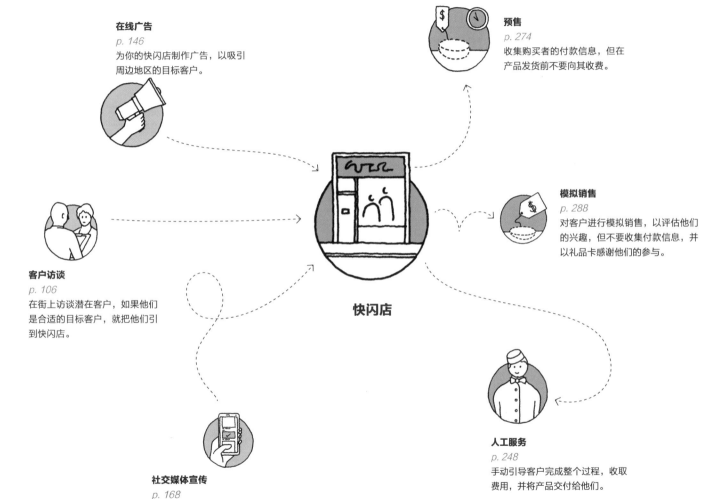

在线广告

p. 146

为你的快闪店制作广告，以吸引
周边地区的目标客户。

预售

p. 274

收集购买者的付款信息，但在
产品发货前不要向其收费。

模拟销售

p. 288

对客户进行模拟销售，以评估他们
的兴趣，但不要收集付款信息，并
以礼品卡感谢他们的参与。

客户访谈

p. 106

在街上访谈潜在客户，如果他们
是合适的目标客户，就把他们引
到快闪店。

快闪店

社交媒体宣传

p. 168

利用社交媒体宣传将人们吸引到
你的快闪店。

人工服务

p. 248

手动引导客户完成整个过程，收取
费用，并将产品交付给他们。

快闪店

模拟

303

快闪店

从临时的零售店中学习
拓扑眼镜公司

拓扑眼镜（Topology Eyewear，下文简称"拓扑"）公司致力于解决眼镜镜型不合适带来的问题，通过 AR 应用程序完成眼镜的尺寸定制和外观设计。客户可以拍一张自拍照，虚拟尝试佩戴不同的眼镜，然后买到度数适配、尺寸量身打造的定制眼镜。和所有新创业务一样，拓扑也有一些需要测试的风险性假设。

尽管技术上是可行的，但拓扑团队需要借助测试，来找出客户在使用时可能遇到的任何障碍。

假设

拓扑团队相信，许多人都认识到了镜型不合适带来的问题，并且愿意考虑将这种高科技的手段作为潜在的解决方案。

试验

走出办公楼，开家快闪店。

团队在旧金山的联合大街（Union Street）租下一间部分闲置的临街店铺作为快闪店，活动只持续周五一天。他们还创建了一个临时的公司名称——炼金术眼镜（Alchemy Eyewear），并制作了海报和传单，使商店显得高级而又新奇。市场营销负责人克里斯·盖斯特（Chris Guest）到街上访谈陌生人，询问他们的眼镜情况，简述公司的解决方案的卖点，并鼓励他们参观快闪店。当客户进入商店，拓扑的工作人员会首先询问他们在使用眼镜时遇到的问题，并记录客户的原话是如何描述问题的。然后，他们会详细介绍自己的解决方案，并记录客户的反应和提出的问题。接下来，他们会用一个预设的脸部模型进行演示，并记录客户的反应和问题。然后，工作人员会在征得客户同意后，对客户进行脸部扫描，以便他们能自行尝试。程序加载完后，工作人员

会指导客户如何进行脸部扫描，并记录和回答客户的问题。最后，在选择设计款式时，工作人员会询问能否得到客户的电子邮件地址，以便保存相应的设计并发送给他们。

证据

在街上寻找早期采用者。

团队本来不抱什么期望，但2小时后，他们卖出了4副眼镜，平均价格约为400美元。

电子邮件注册的转化率太低，没有绝对意义，但有助于发现整个过程中客户流失最多的环节。

洞察

人们知道他们的眼镜不合适，但不确定原因。

尽管团队只卖出了4副眼镜，但从中获得的定性洞察才是最有价值的。

团队注意到，人们似乎能够"感知症状"，但无法"感知问题"。也就是说，当问及他们是否遇到镜型不合适带来的问题时，大多数人都会说没有。但当问及他们的眼镜是否会滑落，是否压迫鼻梁，是否会导致皮肤上产生红印等时，大多数人都会说是。他们明白眼镜不合适，但没有人认为这是由于镜型造成的。这一发现指导了拓扑公司此后数年的市场营销信息。

行动

使用客户的声音。

客户的原话启发了公司的宗旨和愿景，成了品牌的核心。

团队利用他们所了解到的信息开设了更多的快闪店，以测试价值主张、产品定位和市场营销策略，陆续与1000多名客户进行了面对面交谈。

极限编程探针

一个简单的程序，用来探索潜在的技术或设计方案。探针（Spike）这个词来自攀岩和铁路用语，在这里代表一项有必要停下来并完成的任务，以便你在主任务上能继续获得可行的进展。

💰 ●●○○○ 成本	⚖ ●●●●● 证据强度
🕐 ●○○○○ 准备时间	⏱ ●●○○○ 运行时间

🗎 ✂ 🔳 ▦ ⚒ 🗄 ⬡ 🏷 ◁ 🔍 ◔
能力 *产品/技术/数据*

▦ ✉ ◕
需求性 · 可行性 · 收益性

极限编程探针通常用于软件领域，适用于快速评估你的解决方案是否可行。

极限编程探针不适用于对解决方案的规模化扩张，因为极限编程探针通常会被丢弃，之后再重新创建。

准备

☐ 设定你的验收标准（Acceptance Criteria，软件开发专有名词）。

☐ 为探针任务设定时间限制。

☐ 规划你的开始和结束日期。

执行

☐ 编写代码以达到验收标准。

☐ 强烈推荐与另一名成员一起结对编程，以帮助审校代码并创建其他必要的测试。

分析

☐ 分享你在以下方面的发现：

• 性能。

• 复杂度。

• 阶段性结果。

☐ 确定是否成功达到了验收标准。

☐ 利用了解到的信息，打造、借用或购买必要的解决方案。

极限编程探针

307

模拟

◯ ●●◯◯◯
成本

极限编程探针试验的成本相对较低。比起开发完整个解决方案，最后才知道可行性如何，探针试验的成本并不算高。

 ● ◯◯◯◯◯
准备时间

极限编程探针试验的准备时间通常是一天左右。这段时间用于研究有哪些方法可用，通常由具备技术专长的人来完成。

 ●●◯◯◯
运行时间

极限编程探针试验的运行时间通常在一天到两周。时间限制得如此严苛是有原因的——你将只专注于测试特定解决方案的可行性。

⚖ ●●●●●
证据强度

●●●●●
验收标准

完全达到了探针试验所定义的验收标准。代码是否执行了任务并产生了所需要的结果？

●●●●●
建议

从事探针试验工作的程序设计师给出的建议，包括采用该软件的学习难度有多大，以及该软件是否符合你的意图，能够创建相应的解决方案。

探针试验能够产生强有力的证据：因为你写出的代码能有效代表整体的解决方案。

能力

产品/技术/数据

你需要产品能力，来清楚地传达解决方案是如何创建价值主张的。这包括回答团队的任何问题，以及满足客户对速度和质量的预期。如果在探针试验中遇到可视化或分析方面的问题，拥有数据能力也会很有帮助。你需要具备的最重要的能力是技术能力，因为探针试验通常要通过代码来生成下一步行动的信号。

必要条件

验收标准

在开展探针试验之前，必须明确定义验收标准和时间限制，以便每个人在开始之前都明确目标。如果不加以约束，这些问题可能会衍变成永无止境的研究项目。

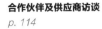

合作伙伴及供应商访谈

p. 114

访谈合作伙伴和供应商，以便在
自己构建产品或服务之前更好地
了解他们的能力。

单一功能MVP

p. 240

打造一款单一功能的最小可行性
产品，对客户进行测试。

数据表格

p. 190

创建一份数据表格，列明解决
方案应包含哪些产品参数。

竞品测试

p. 204

使用竞品，研究这些竞品的表
现如何，以及它们使用的是什
么样的技术栈（Technology
Stack）。

极限编程探针

思维

模式

"你过去取得的成功越多，你就越无法
批判性地审视自己的假设。"

————

维诺德·科斯拉（Vinod Khosla）
风险投资家

模块 4　思维模式

4.1　规避试验误区

试验误区

经过多年来与不同团队合作，设计、运行并分析各类试验，我们发现即便是最完美的试验计划，也不能保证一帆风顺。要学习试验的流程，重要的一点是要能够熟练地快速运行试验。我们归纳了一些常见的试验误区，可以帮助你及早识别，避免重蹈我们的覆辙。

时间陷阱

没有投入足够的时间。

分析过度

在一些本该直接测试或调整的事情上过度思考。

数据/证据不可比较

没有可比性的杂乱数据。

✗

- 一分投入，一分收获。没有投入足够的时间来测试商业创意的团队将不会得到满意的结果。很多时候，团队低估了进行多次试验和充分测试商业创意所需的时间与精力。

✓

☐ 每周抽出专门的时间来测试、学习和调整。

☐ 针对你想深入了解的假设，制定每周的目标。

☐ 把你的工作可视化，以便在任务停滞或受阻时也能一目了然。

✗

- 好的商业创意和概念是很重要的，但是太多的团队浪费时间在过度思考上，而不是走出办公楼去测试和调整他们的商业创意。

✓

☐ 限定你用于分析型工作的时间。

☐ 区别对待可逆的和不可逆的决定。对前者要快速行动，而对后者要花更多时间。

☐ 避免围绕观点的争论。进行证据驱动的辩论，继而做出决策。

✗

- 太多团队在定义假设、试验和指标时都很草率。这就导致产生了不可比较的数据（例如，没有面向完全相同的客户群，或在完全不同的情境中进行测试）。

✓

☐ 使用测试卡。

☐ 精确定义测试对象、测试环境和测试元素。

☐ 确保设计好试验过程，让参与试验的每个人都各司其职。

缺乏数据/证据薄弱

只衡量了人们的说法，而不是他们的行为。

- 团队通常乐于进行问卷调查和访谈，却没有深入了解人们在现实生活中会怎样行动。

✓

☐ 不要只相信人们所说的话。

☐ 进行行为召唤试验。

☐ 产生证据的情境要尽可能接近你要测试的真实情况。

确认偏误

（Confirmation Bias）

只相信与你的假设相一致的证据。

✗

- 有时团队会抛弃或轻视与他们的假设相冲突的证据。他们容易陷入"自己的预测准确无误"的假象。

✓

☐ 让其他人参与到数据整合的过程中，以引入不同的视角。

☐ 创造竞争性的（互相矛盾的）假设，来挑战你的信念。

☐ 对每个假设进行多次试验。

试验太少

对你最重要的假设只进行了一次试验。

✗

- 很少有团队意识到他们应该进行多少次试验来验证一个假设。他们反而会基于一个证据薄弱的试验，就对重要的假设做出决定。

✓

☐ 对重要的假设必须进行多次试验。

☐ 要区分弱证据和强证据。

☐ 通过降低不确定性，提高证据的强度。

不学习，不调整

不花时间分析证据，就难以产生洞察和行动。

✗

- 有些团队在测试中陷得太深，以至于忘记了最终目标。我们的目标不是测试和学习，而是基于证据和洞察来决策，从而将商业创意推进成一项业务。

✓

☐ 留出时间来综合分析试验结果，产生洞察，并调整你的创意。

☐ 在具体的测试过程和全局的商业创意之间，始终把握好方向：你观察到了哪些重要的模式？

☐ 养成紧盯目标的习惯：不断自省"我是否正在把商业创意推进成一项业务"。

外包测试

把自己应该操作和学习的事情外包出去。

✗

- 外包测试并不明智。测试是要在试验、学习和调整商业创意之间完成快速迭代。外包机构不能为你做出这些快速的决定，选择外包等于冒着浪费时间和精力的风险。

✓

☐ 将你为外包机构保留的资源转移给内部团队成员。

☐ 建立一个由专业的测试者组成的团队。

315

测试商业创意

"保持谦卑能让我们意识到，自己并非无所不知，不能安于现状，必须不断学习和观察。如果我们做不到，肯定会有一些新创公司取代我们的位置。"

———————

王雪红
宏达国际电子（HTC）联合创始人

模块 4　思维模式

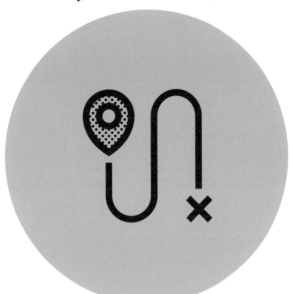

4.2　如何领导试验

改进商业模式

注意用语

领导者在改进现有商业模式时，需要注意自己的用语和语气。随着时间的推移，你作为知识渊博、经验丰富的专家，有可能已经成了一名领导者。

当你带领团队对一个已知的商业模式展开试验时，要留意你的过度发言可能会无意中削弱团队的能力。即便你只是想表达自己的看法，也可能会让他们觉得自己的决策权被剥夺了。他们只会静待你给他们指派试验任务，而这可不是理想的状态。

界定责任

问责制（Accountability）在今天的组织中常常有负面的含义，但这实在没有必要。团队并不总是要被督促"负责"在指定期限内发布功能。虽然功能很重要，但它们是阶段性结果，而不是最终成果。要谨记关注业务成果，而不仅仅关注功能和期限。

你的团队需要有机会自己做主，该如何进行试验，并在业务成果上取得进展。作为领导者，你的工作是为这些机会的出现营造一个环境。

引导团队

在改进商业模式时，你与团队互动的方式也很重要。当你成长为组织中更高层级的领导者时，你就会意识到引导技能是不可或缺的。

我们建议参加一些关于引导的课程，以提升你的领导力。改进商业模式可能有许多不同的方法，与其选择某一种，不如通过引导来选择多个试验。根据证据来决定什么方法最适合改进你的商业模式。

✔
- ☐ "我们，大家，我们的。"
- ☐ "你会怎样实现这一业务成果？"
- ☐ "你能再想出2～3种试验吗？"

✘
- "我，我自己，我的。"
- "在发布日期前交付这个功能。"
- "这就是我们唯一该做的试验。"

由你的直觉引导你得出一个结论，无论这个结论有多不完美，这是"强观点"的部分。然后，如果你能证明自己是错的，这就是"弱执念"的部分。

——保罗·萨福（Paul Saffo）

发明商业模式

强观点，弱执念

发明新的商业模式需要进行试验，并保持开放的态度，允许创意出错。正如保罗·萨福的"强观点，弱执念"，这意味着你可以从一个假设出发，但要保持开放的态度，允许假设被证伪。如果你只是想证明自己是对的，那么你就很容易受到确认偏误的影响。

例如，在参加利益相关者评审时，各团队要分享自己所测试的内容和未来的方向。如果你"结论先行"，忽视所有与你的观点相矛盾的数据，就会让所有人都对评审会大失所望。这种做法会从根本上瓦解你试图建立的试验文化。

✔

☐ "你的学习目标是什么？"

☐ "我可以帮你消除哪些障碍来推动进展？"

☐ "我们还可以怎么处理这个问题？"

☐ "到目前为止，哪些发现让你感到惊讶？"

✘

– "我不相信这些数据。"

– "我仍然认为这是个好创意，无论如何我们都应该开发。"

– "你需要和1000位客户谈过，才有意义。"

– "到明年年底，这项业务必须做到1500万美元。"

领导者可以采取的步骤

思维模式

营造一个赋能化的环境：流程、指标和文化

在协助测试商业创意方面，领导者的核心作用是营造一个合适的环境，给予足够的时间和资源来反复测试商业创意。领导者需要扔掉商业计划书，并建立适用于测试工作的流程、指标和文化，这与执行工作所使用的流程、指标和文化不同。领导者需要给团队自主权以便自行决定、快速行动，而后领导者就可以让到一旁了。

清除障碍，敞开大门：对接客户、品牌、知识产权和其他资源

当测试商业创意的团队遇到内部障碍时，比如无法对接内部专家或专用资源时，领导者要能出面清除障碍。在必要的情况下，领导者可以开放客户资源等。令人惊讶的是，公司的创新和增长团队极少能够轻松接触到客户，来测试新的商业创意。

确保证据胜于观点：改变决策方式

领导者习惯了基于丰富的经验和广泛的阅历来做出决策。然而，在创新和创业领域，过去的经验可能会阻碍个人预见并适应未来。此时，来自测试的证据要胜于观点。领导者的作用是推动团队基于证据，为某个创意提出令人信服的理由，而不是根据领导者的喜好做出决策。

提出问题而非给出答案：促进团队成长，帮助他们调整创意

领导者需要提高提出问题的能力，以推动团队开发出更好的价值主张和商业模式，在真实情况下中取得成功。领导者需要不厌其烦地探讨试验、证据、洞察和模式，这些是团队赖以构建价值主张和商业模式创意的基石。

培养更多
领导者

先行半步，引领团队方向

领导者需要在全程引领团队一同前行，而不是不知不觉地甩开大部队。想一想你最终希望团队到达的终点，然后回头看看他们。他们怎样才能到达终点？他们必须采取哪些步骤？这是一个认知上的小技巧，但很有效。领导者需要能觉察到团队当前的位置，以及如何推动他们一路前进。无论是安排一对一面谈、复盘会议，还是走廊里的三言两语，领导者都要寻找机会引导团队迈出第一步。

提建议之前，先了解背景

在给团队成员提建议之前，领导者需要积极倾听并了解背景情况。练习让团队成员先发言，中途不要打断。如果对话中有停顿，先问一些澄清性的问题，以确保你在提出建议前已了解背景信息。在团队成员发言时，不要因为你想到了答案而过于激动地打断他们，你可能会提出不成熟的建议或者你的逻辑是凭空想象出来的。

说"我不知道"

"我不知道"这四个字会让很多领导者陷入恐慌。我们经常问领导者，他们上一次在员工面前说这四个字是什么时候。有人说"没什么，昨天我就说了"，也有人说"绝不能说！"，后者是令人担心的。想象一下，领导一个团队并且心中总有答案，该承受多大压力。很有可能你并没有这些答案。当建立一种创新、创业的文化时，你表现得像是知道所有答案，可能有灾难性的后果。一旦团队学会如何进行试验并产生自己的证据，他们会很快揭开这层面纱。更糟糕的是，你会因为自己被证明是错误的，而觉得领导地位遭到了削弱。因此，我们强烈建议你在遇到不明确的状况时，练习说"我不知道"。这将帮助你的团队明白，你没有——也不应该有全部的答案。接下来，问问团队："你会如何处理这个问题？"或"你认为我们应该怎么做？"。说"我不知道"将帮助你培养出会效仿你行为的下一代领导者。

"糟糕的系统总会让优秀的
人才一败涂地。"

————

W. 爱德华兹·戴明

教授、作家

模块 4　思维模式

4.3　如何组织试验

职能孤岛式团队 vs. 跨职能团队

今天企业的组织结构大部分仍是基于工业时代设置的。当年，你会建立工厂来组装某种产品，例如汽车。你会把汽车的制造拆分成若干任务，建立装配流水线，让工人重复完成同样的任务。如果你知道解决方案，这种方式就很有效，因为你可以通过分析找到更有效的方式来创建解决方案。今天的企业也自然而然地沿用了相同的架构方式。我们设立项目，将其分解为任务，并将任务分配到各个职能部门。如果你真正了解问题和解决方案，那么按职能来组织工作是可行的，与过去比没有什么变化。

我们在最近二三十年的工作中逐渐发现，我们很少知道解决方案，尤其是在软件领域。一切都在飞速变化着。因此在今天的市场中，认为解决方案已知、没有任何变化的观点越来越少。这也导致传统的、职能孤岛式的架构方式正在转变为更敏捷的、跨职能的团队协作方式。在测试新的商业创意时，速度和敏捷性是不可或缺的。跨职能团队比职能孤岛式团队调整得更快。在许多组织中，小型的、专门的、跨职能的团队往往胜过大型的、职能单一的项目团队。

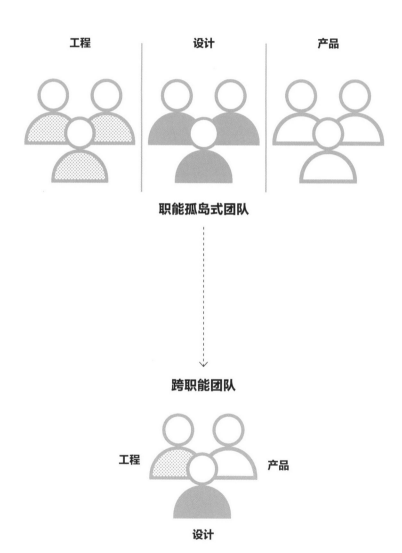

工程　　设计　　产品

职能孤岛式团队

跨职能团队

工程　　产品

设计

像风险投资家
一样思考

我们在组织中观察到的另一个过时的模式与资金的使用有关。许多组织仍然固守着过去以大笔资金按年度决定投资的方式。这严重限制了组织的敏捷性，并导致了不良行为的产生。例如，如果你的部门没有花掉所有的预算，那么你下一个财年的预算很可能会被缩减。因此，预算没有花在最有影响力的活动上，而是花在那些能保证在财务期内花光预算的活动上。年度投资的方式也限制了你"上垒"，因为与其期待一次挥棒就击出"全垒打"，你更应该选择多击出几记"安打"。这就是组织可以向风险投资界学习的地方。不幸的是，正如我们在下面列出的现状，组织中给予创新团队一定空间的耐心和意愿都是有限的。

	时间周期	团队数量	指导方式
风险投资	8~12年	20~30家创业公司	放手培养
组织内部创新	1~3年	5~10个内部创业团队	指手画脚

创新组合

不同于年度预算的方式，有些组织正在采用一种更像风险投资家式的做法。这有助于领导者逐步投资于一系列商业创意，并对成功的创意加倍投入。这极大地增加了你的"上垒"次数和找到独角兽的机会，而不是押宝在 1 ~ 2 次大赌注上。

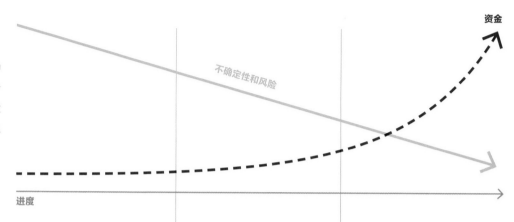

思维模式

	种子期	发布期	成长期
筹资	低于5万美元	5万～50万美元	50万美元以上
团队规模	1~3人	2~5人	5人以上
每个团队成员投入的时间	20%～40%	40%～80%	100%
项目数量	多	中等	少
目标	客户认知、背景和付费意愿	已被证明的兴趣和盈利的迹象	在有限的规模下，已被证明的模式
关键绩效指标	• 市场规模 • 客户证据 • 问题与解决方案契合 • 机会的规模	• 价值主张的证据 • 财务证据 • 可行性证据	• 产品与市场契合 • 客户获取和保留的证据 • 商业模式契合
试验主题	50%～80% 0%～10% 10%～30%	30%～50% 10%～40% 20%～50%	10%～30% 40%～50% 20%～50%

需求性
可行性
收益性

投资委员会

风险投资家式的投资方法还有另一个重要特点：组建一个由领导者组成的小型投资委员会，以引领整个过程。这些领导者需要在组织中有批准权限和预算决策权，因为他们将指引团队经历种子期、发布期和成长期。他通常会在月度决策会（见第80页）上做出投资决定。虽然我们建议该会议每月进行一次，但投资决策通常每隔3~6个月进行一次，这取决于你的业务形态。在创建你的投资委员会时，需要遵循以下原则。

委员会的设计原则

- *3~5名成员：保持委员会的规模相对较小，以便快速做出决策并运行。*

- *外部成员：考虑增加一名外部成员或驻场企业家（EIR），他们可以为投资组合带来新的视角。*

- *决策权：委员会要纳入那些在批准权限和预算方面有决策权的成员。*

- *创业心态：虽然委员会成员不一定要有创业史，但他们需要拥有创业心态，愿意挑战现状。保守型成员太多会在早期妨碍创新业务的发展。*

制定一份工作守则

组建完毕后，在邀请创新团队演示创意之前，为委员会制定一份工作守则。委员会应该制定一些规则并达成共识，如：

- *准时：成员们都有紧密的日程安排，但他们必须优先安排月度决策会，否则创新团队会被晾在一旁，以致怀疑他们项目的重要性。*

- *在会议上当场决策：不应该让团队在评审结束后，还要纠结是否继续推进。在散会之前，委员会要和在场的团队一起做出决定。*

- *参会时保持空杯心态：在评审中要有自己的观点，但也要愿意听取证据。各团队将介绍所做的试验以及如何继续推进。委员会成员的工作是倾听，而不是舌战群儒。*

营造一种环境

委员会也负责营造我们在第10页介绍的团队环境。

没有他们的帮助，即使是跨职能且表现出正确行为的团队，也无法长期维持下去。

委员会要有计划地审视自己应当如何帮助团队克服以下方面的障碍：

- 时间。
- 身兼多职。
- 资金。
- 内外部支持。
- 获取资源。
- 创新方向。

后

致谢

如果没有我妻子伊丽莎白的爱和支持，这本书就不可能被创作出来。这些年来，她一直是我的磐石，并持续为我提供鼓励。在整个写作过程中，我们的孩子们非常了不起，给予了我爱和专注工作的时间。所以，我要对凯瑟琳、伊莎贝拉和詹姆斯说："我感谢你们为我加油。我很幸运，能成为如此出色的你们的父亲。"

我要感谢我的合著者亚历山大·奥斯特瓦德。他在整本书中提供了出色的指导和洞察。有他参与这项雄心勃勃的工作是我的快乐和荣幸。我还要感谢阿兰·史密斯和整个Strategyzer团队，他们付出了漫长的时间和无数个周末，打造了这样一本设计精美的书。

《测试商业创意》是我们站在巨人的肩膀之上完成的。对于那些多年来或大或小影响我思维的人，这本书的诞生完全源于你们，源于你们毫无保留地把自己的思想呈现在公众面前。

我想感谢所有在实践中持续推进这些理念的人：埃里克·莱斯（Eric Ries）、史蒂夫·布兰克（Steve Blank）、杰夫·戈塞尔夫（Jeff Gothelf）、乔希·赛登（Josh Seiden）、基弗·康斯特布尔（Giff Constable）、贾尼丝·弗雷泽（Janice Fraser）、贾森·弗雷泽（Jason Fraser）、阿什·莫瑞亚（Ash Maurya）、劳拉·克莱因（Laura Klein）、克里斯蒂娜·沃特克（Christina Wodtke）、布兰特·库珀（Brant Cooper）、帕特里克·沃拉斯科维茨（Patrick Vlaskovits）、凯特·鲁特（Kate Rutter）、滕达伊·维奇（Tendayi Viki）、巴里·奥莱利（Barry O'Reilly）、梅利莎·佩里（Melissa Perri）、杰夫·帕顿（Jeff Patton）、萨姆·麦卡菲（Sam McAfee）、特雷莎·托雷斯（Teresa Torres）、马蒂·卡根（Marty Cagan）、肖恩·埃利斯（Sean Ellis）、特里斯坦·克罗默（Tristan Kromer）、汤姆·洛伊（Tom Looy）以及肯特·贝克（Kent Beck）。

写作一本书像是一个宏大的瀑布式开发过程。我们在一路迭代的过程中尽最大努力测试了我们的内容。我要感谢每一个在早期帮助校对和提供反馈的人。正是因为有你们的洞察和从旁协助，才成就了本书今时今日的面貌。

——戴维·J. 布兰德

我特别要感谢史蒂夫·布兰克，他是现代创业理论的开创性思想家之一，也是我的好朋友和导师。如果没有史蒂夫的客户开发流程，没有他创立的整个精益创业运动，没有他个人的鼓励，我的书就会一直是现代版的商业计划书——概念上很好，没有现实基础。史蒂夫的思想、经验和关于"走出办公楼"与客户一起测试创意的文章，成为我许多想法的基础。本书中的许多想法都是在史蒂夫的美丽牧场内与他长时间的交谈中产生的。

——亚历山大·奥斯特瓦德

330

作者

戴维·J.布兰德

创始人、顾问、演说家

戴维·J.布兰德是一位居住在旧金山湾区的顾问、作家和企业创始人。他在2015年创立了Precoil，使用精益创业、设计思维和商业模式创新的方法，帮助企业找到产品与市场的契合点。他在全球范围内帮助企业验证创新产品和服务。在从事顾问工作之前，戴维有十余年从事创业企业规模化的工作经历。他还在硅谷的几家创业加速器公司授课，以回馈创业社区。

@davidjbland
precoil.com

合著者

亚历山大·奥斯特瓦德

创始人、演说家、商业思想家

亚历山大在2015年获得了由《金融时报》颁发的、被誉为"管理思想界奥斯卡"的"全球思想家50人"（Thinkers50）称号，目前在全球领先的商业思想家中排名第7。

他经常在《财富》500强企业发表演讲，并在多所全球顶级大学开设客座讲座，包括沃顿商学院、斯坦福大学、加利福尼亚大学伯克利分校、IESE商学院、麻省理工学院、阿卜杜拉国王科技大学（KAUST）、瑞士洛桑国际管理发展学院（IMD）等。亚历山大经常与来自顶尖企业的高管一同工作，例如拜耳、博世、戈尔等，并与万事达卡（Master Card）等《财富》500强企业合作战略与创新项目。

@AlexOsterwalder
strategyzer.com/blog

首席设计

阿兰·史密斯

创始人、探索者、设计师

阿兰善于利用他的好奇心和创造力来提问，并将答案转化为简单、可视、实用的工具。他相信正确的工具能够给人们带来信心，使人志存高远并成就有意义的事业。

他与亚历山大·奥斯特瓦德共同成立了Strategyzer公司，并在那里与一个富有创意的团队共同从事产品工作。Strategyzer的书籍、工具和服务已被全球范围内的领先公司广泛采用。

strategyzer.com

首席设计

崔西·帕帕达克斯

设计师、摄影师、创作者

崔西拥有伦敦中央圣马丁学院的设计硕士学位，以及多伦多约克-谢里丹联合项目的设计学士学位。

她曾在母校教授设计，与获奖的机构合作，创办了多家企业，这是她第四次与Strategyzer团队合作。

@trishpapadakos

补充设计

克里斯·怀特

编辑设计师

阿兰和崔西希望特别感谢克里斯，是他在临近截稿之时出手相助，提供了额外的强劲动力，确保本书成功出版。

插画

欧文·波默里

叙事插画师

深深感谢欧文的耐心，他不断迭代以传达恰当的创意。

owenpomery.com

图标设计

b Farias公司

赞助商

团队、灯泡、废置的报告、烧瓶、可见、齿轮、望远镜、复选框、交叉白骨、目的地、纸条、仪表板、喜欢、剪贴板、巧克力饼、化学书、地图针、奖杯和毕业帽等图标均来自b Farias公司的"名词项目"（Noun Project）。

thenounproject.com/bfarias

Strategyzer提供最好的技术和辅导，来支持你公司的转型和增长。

请访问网站Strategyzer.com，看看我们能为你做什么。

转型

创造变革

通过学习 Strategyzer 的云端学院课程培养技能。

打造客户价值、商业价值，并通过全面的试验库测试你的创意。

增长

创造增长

使你的增长工作系统化和规模化。

增长战略，创新准备度测试，创新漏斗的设计、冲刺和指标。